# 緊急事態！
## 歯科診療室でこんなときどうする？

▶ DVDで学ぶ良い対応, 悪い対応

著 矢島安朝
野口いづみ
中川洋一

DVD
8 situations for Dentist & Dental Staff

永末書店

# 序 文

## ―「地蔵より高いところに逃げよ」常に話題に，常に意識することが重要 ―

　4年前の東日本大震災のとき，未曾有の被害を被った宮城県東松島市の宮戸島においては，古くからの言い伝えによって住人が独自に避難した結果，人口約1,000人の島で，死亡あるいは行方不明になったのは7人にとどまり，奇跡的とニュースになりました．宮戸島にはこんな言い伝えが残っています．「両岸から来た津波がここで合わさって多くの人が死んだ．これより高いところに逃げよ」．かつて津波が到達した地点には地蔵3体と石碑が立っていました．地震発生時，津波が来ると聞いた途端に，大人も子どもも目印となっていた地蔵よりも高いところを目指して一目散に駆け出しました．言い伝えを先祖代々語り継ぎ，さらに常に津波を意識し，話題にし続けたことが多くの住民の命を救ったわけです．

　地震，火災などの災害時避難訓練は，この言い伝えと同じように緊急事態を常に意識するために，毎年，学校や職場で行われているのでありましょう．しかし，私たちの診療室の中で，患者の心臓が止まったり，意識がなくなってしまう緊急事態が発生したとしたら，私たちは宮戸島の住人たちと同じように冷静な対応ができるのでしょうか．あるいは，私たちは，チェアの上で起こりうる緊急事態を診療室で常に意識し常に話題にしているでしょうか．どちらも全くできてはいないのが現実ではないのでしょうか．

　災害時避難訓練は行うのに，診療室での緊急事態訓練を行わないのはおかしな話です．歯科医師だけが緊急事態の十分な知識をもっているだけでは決して患者は救えません．心停止の場面で第一に行うことは，周りの人に呼びかけて人を集めるところから始まることからも，一人では駄目なことが十分に理解できるはずです．緊急事態とは，診療室のスタッフ全員の全力の協力によって乗り越えることができるものなのです．そのためには，緊急事態発生時の歯科医師の動き，スタッフの行動を何度もシミュレーションし，本番では体が自然に動いてしまうくらいにしておかなければ，「宮戸島の住人」にはなれないのです．

　そこでこの緊急事態対応DVDの作製を考えました．これをスタッフ全員で歯科診療室における緊急事態訓練に使用していただきたいと思います．この動画には，診療室で起こりうる8つの場面を想定し，対応として「悪い例」と「良い例」を役者に演じてもらっています．本書を用いた緊急事態訓練は以下のように実行していただきたいと思います．

※動画を見る前に本書の文章を読むことはお勧めできません. ご自分の実力, 診療室の対応能力を見極めることが, 緊急事態訓練の最初の目的です.

動画は項目ごと以下のように進みますので, 複数の動画を通して見てしまうことは避けてください. 一つずつ進行です.

① 診療室スタッフ全員で動画の「悪い例」を見てください.

② 診断名はすでにわかっているので, 「悪い例」の動画は何が良くないのかを話し合ってください. 自分たちであればどのように対応すべきかも相談してください. ここでの意見の集約が, 現状の診療室の実力であるということになります. 院長が司会者役となり, ご自分の意見も交え, 少し誘導してあげることも必要でしょう.

③ 診療室のスタッフ全員で動画の「良い例」を見てください.

悪い例を見て話し合ったことの妥当性を検討してください. 自分たちの考えた対応はどこが正しく, どこが間違っているのかを明確にしてあげることが重要です. 各診療室の設備, 備品, 薬剤の有無なども考慮に入れ, その診療室独自の対応を話し合うことも必要です.

④ 本書の対応文章を読んでください.

なぜ, そのような症状が出るのか. なぜ, そのような対応が必要なのか. 先生はこのように動き, スタッフはこのように動くということを確認してください. 動き, 対応の理由 (エビデンス) を理解していなければ, 対処法はすぐに忘れてしまいます.

⑤ 本書と動画と話し合った結果を総合して, 各診療室での独自の対応を決定し, 「基本の対処法」のような図にしてみましょう. 誰が何をするのかを明確にしてもよいでしょう.

⑥ 実際の緊急事態訓練を行います.

患者役を決め, 動画のように演じてもらいます. 歯科医師, スタッフの対応, 言動, 動きをチェックする人間も必要でしょう. 訓練です. 恥ずかしがらないで真剣に行いましょう.


以上を一項目ずつ進めて, 本書と動画を参考に, 自分の診療室での緊急事態訓練を行ってください. 繰り返し訓練を行うことが重要です. 忘れたころに再度シミュレーションを行うことも必要です.

救急医療では, 初期対応がその患者の生命予後を決定すると言われています. 診療室のスタッフ全員が, 自分たちの大切な患者を守り通すという意識の下, 本書と DVD を用いて, 歯科診療室の緊急事態訓練が各所で繰り返されることを期待しています. 明日, 自分の診療室で発生してしまうかもしれない緊急事態に, 「宮戸島の住人」のような冷静で適確な対応ができるように.

2015 年 9 月吉日

東京歯科大学水道橋病院 病院長

東京歯科大学口腔インプラント学講座 教授

矢島安朝

# CONTENTS

序文

## 症例1 脳貧血様発作
### 治療中に意識がなくなった！

- DVDの処置，どこが悪くてどこが良いの？
- 診断
- 基本の対処法
- どんな疾患？　　脳貧血様発作（迷走神経反応）とは
- 重要Point　　　緊急時の注意点と機器操作の要点
- 知っておきたい　意識が消失して血圧が低下する偶発症

コラム：局所麻酔薬でアレルギーを起こすか？

......2

## 症例2 過換気症候群
### 息ができないと訴える！

- DVDの処置，どこが悪くてどこが良いの？
- 診断
- 基本の対処法
- どんな疾患？　　過換気症候群とは
- 重要Point　　　過換気症候群の対処法と予防
- 知っておきたい　脈拍の測定／バイタルサインとは

コラム：患者自身の両手によるエアポケット法

......6

## 症例3 異物誤嚥
### インプラント・ヒーリングキャップを口腔内に落とした！

- DVDの処置，どこが悪くてどこが良いの？
- 診断
- 基本の対処法
- どんな疾患？　　異物誤嚥とは
- 重要Point　　　異物事故の対処法と予防法
- 知っておきたい　胃消化器系に落ちた場合の経過／気管内に落ちた場合の経過／成人と幼児の気管の相違

コラム：日常生活での異物事故

......10

## 症例4 血圧上昇〈高血圧性脳症〉
### 患者は頭痛と気分不良を訴えた！

- DVDの処置，どこが悪くてどこが良いの？
- 診断
- 基本の対処法
- どんな疾患？　　高血圧とは
- 重要Point　　　高血圧患者への対応法と事故の予防法
- 知っておきたい　頭痛を起こす疾患／降圧薬について／高血圧と脳血流量

コラム：髄膜刺激症状とは／白衣（診療室）高血圧／高血圧患者とアドレナリン

......14

iv

## 症例 5 胸痛発作 ……… 18
### 胸が痛いと訴えた！

- DVD の処置，どこが悪くてどこが良いの？
- 診断
- 基本の対処法
- どんな疾患？　　虚血性心疾患とは
- 重要 Point　　胸痛発作の対処法と予防法
- 知っておきたい　急性冠症候群に対する救急治療―MONA 療法―／心筋梗塞後の注意

## 症例 6 糖尿病〈低血糖ショック〉 ……… 22
### 治療終了後，意識消失！

- DVD の処置，どこが悪くてどこが良いの？
- 診断
- 基本の対処法
- どんな疾患？　　糖尿病とは
- 重要 Point　　糖尿病患者への対応法と事故の予防法
- 知っておきたい　低血糖症と糖尿病性昏睡／易感染性と創傷治癒遅延

コラム：糖尿病の分類

## 症例 7 不整脈〈心肺停止〉 ……… 26
### 待合室にて意識消失！

- DVD の処置，どこが悪くてどこが良いの？
- 診断
- 基本の対処法
- どんな疾患？　　患者が倒れ込んだときには
- 重要 Point　　心肺停止患者への対処法
- 知っておきたい　AED（自動体外式除細動器）／
　　　　　　　　　頸動脈触知：普段から練習しておこう

コラム：除細動による蘇生例

## 症例 8 神経麻痺 ……… 30
### インプラント体埋入手術翌日に下唇のしびれを訴えた！

- DVD の処置，どこが悪くてどこが良いの？
- 診断
- 基本の対処法
- どんな部位？　　神経損傷部位
- 重要 Point　　歯科治療中の事故を予防するには
- 知っておきたい　知覚検査法／薬物療法と星状神経節ブロック

コラム：患者の心理と共感的態度

索引

著者略歴

## 症例 1 脳貧血様発作
### 治療中に意識がなくなった！

- 31歳　男性
- 主訴：右の上顎の奥歯が痛い
- 診断：6| 化膿性歯髄炎
- 処置：6| 抜髄
- 経過：6| の歯肉に局所麻酔薬1.5mLを注入して浸潤麻酔したところ，患者が気分不良を訴えて，意識を消失した

### 診断 — 患者の様子から考えられること

このように局所麻酔による痛み刺激で気分不良を訴えて，意識を消失する場合は脳貧血様発作（神経因性ショック）である可能性が最も高い．症状は脳貧血に似ており，徐脈，血圧低下，顔面蒼白などがみられる．呼吸抑制も生じるが，呼吸停止が長く持続することはほとんどない．

### 基本の対処法

血圧が下がって脳血流が減少しているため，水平位にして酸素を投与する．

**スタッフの動き**

歯科治療中断
↓
水平位にし，名前を呼ぶなどして刺激し，反応をみる　← 酸素投与準備
↓
酸素マスクか鼻チューブを用いて流量3L/分で酸素吸入　← 血圧計とパルスオキシメーターを準備
↓
モニタリング　← モニタ装着と測定の補助
↓
血圧，脈拍数減少，$SpO_2$（動脈血酸素飽和度）測定
↓　　　　　　　　　　　　↓
$SpO_2$ 95%以下　　　　　$SpO_2$ 95%以上
↓　　　　　　　　　　　　↓
流量5L/分に上げる　　　経過観察（通常は5〜20分程度で回復）
↓　　　　　　　　　　　　↓
回復が遅い場合は静脈路を確保する（できれば点滴）　← 静脈路確保の準備と補助
↓
硫酸アトロピン1アンプル（0.5 mg）を静脈注射または筋肉注射
↓
最高血圧が70 mmHg以下なら，下肢を上げる
↓
塩酸エフェドリン1/2〜1アンプル（20〜40 mg）を筋肉注射

測定値を適宜，歯科医師に報告

ちょっと気分が悪いです…

気分不良を訴えたら要注意

## DVDの処置，どこが悪くてどこが良いの？

### 悪い例
術者は胸骨圧迫と人工呼吸をしているが，これらは心肺停止患者に対する処置である．本患者は意識を消失しているが，心肺停止はしていないので，胸骨圧迫と人工呼吸は不要である．まず，脈や血圧を測定して全身状態を評価することが必要である．

### 良い例
すぐに水平位にして，酸素投与している．術者は落ち着いて血圧，脈拍数，動脈血酸素飽和度を測定し，患者の状態を評価している．

脈拍数60回/分，血圧88/54mmHgであり，経過を観察してよい状態．動脈血酸素飽和度は95%とやや低いため，数値が上がらないようなら酸素流量を増加させる．

## ? どんな疾患？

### 脳貧血様発作（迷走神経反応）とは
**●歯科治療時の偶発症として最多！**

脳貧血様発作とは，痛みが刺激になって迷走神経反射を起こしたものである．迷走神経が優位になって生じる血圧低下，徐脈，顔色蒼白などがみられ，意識消失をきたす場合もある．血管緊張低下性失神ともいう．

緊張が強い患者や，歯科治療に不安感や恐怖心をもっている患者に多い．歯科治療時の偶発症として最も多く，偶発症の過半数以上を占める．通常は痛み刺激を加えた直後に起こしやすい．局所麻酔直後や，局所麻酔が効いていないのに刺激を加えてしまった場合などに多い．

徐脈には，副交感神経遮断薬の硫酸アトロピンが効く．塩酸エフェドリンは，昇圧薬で血圧低下が続く場合に投与する．点滴は循環血液量を増加させ，血圧低下に効果がある．実際は投薬を必要とする場合は少なく，軽症で経過する場合が多い．モニタリングをして全身状態を把握して，経過を観察する（図1）．

**●脳貧血様発作（迷走神経反応）を予防するには**

緊張させないようリラックスさせ，痛みのない処置を心がける．
①恐怖心の強い患者には注射器などが目に入らないように配慮する．
②恐怖心や緊張が強い患者，以前に脳貧血様発作を起こした患者には，処置前に精神安定薬（ジアゼパムなど）を投与する．精神鎮静法（笑気吸入鎮静法か静脈内鎮静法）を行うことも考慮する．

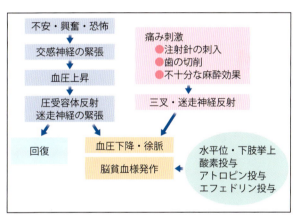

図1 脳貧血様発作

③痛みがないように局所麻酔を行う．痛みがあるのは針の刺入時と注入開始直後であるため，表面麻酔を行い，ゆっくりと注入する．
④処置中も痛みがないように，局所麻酔をしっかりと効かせる．局所麻酔薬の注入後，3〜5分程度置いてから処置を開始する．患者が痛がっている場合は処置を強行してはならない．処置時間が長くなると麻酔効果が切れるので，患者の様子を把握しながら処置を進める．

**●歯科治療前の問診で注意すること**

恐怖心や緊張が強い患者（歯科治療恐怖症）かどうか判断する．恐怖心や緊張が強い患者と思われた場合には，上記①〜④を十分に配慮すること．

患者が，"痛い目にあわされた"と感じた場合，継続して来院しなくなる可能性がある．

## 重要point 🖙 緊急時の注意点と機器操作の要点

### ●緊急時には
歯科医師はあわてずに行動し，スタッフに正確に指示する．スタッフは歯科医師の指示通りに迅速に動き，補助する．チェアを水平位にする場合，急に倒さないように注意する．酸素マスクと鼻チューブは上下の方向を間違えずに装着する．

### ●血圧測定の要点（図2，3）
上着の袖を巻き込まないようにマンシェットを巻く．薄いシャツを着用している場合はその上から巻いてもよいが，厚い上着は脱がせる．マンシェットを巻く強さは2本指が出し入れできる程度．マンシェットの裏表を間違えないように注意する．間違えると締められず，測定できない．

手動で加圧する場合は，圧を上げすぎたり，長時間，加圧し続けないようにする．

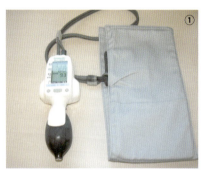
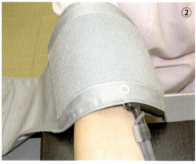

図2　①血圧測定〈自動血圧計〉．②○印を肘関節の正中に合わせてマンシェットを巻く

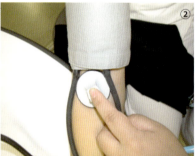

図3　血圧測定〈聴診法〉．①水銀血圧計．②聴診器の膜面を肘部において，ゴム球を加圧する．③ゴム球のねじを緩め，マンシェットの圧を抜く

### ●パルスオキシメーター使用の際の要点
パルスオキシメーターとは，動脈血の赤と黒の度合いを分析する分光光度計である（図4）．$SpO_2$（動脈血酸素飽和度，動脈血の酸素レベル）と，脈拍数が測定できる．

指先がプローベの赤い光を受けられるよう，深く差し込むこと．プローベが浅いと測定できないか，値が不安定になる．測定時は体や指先を動かさないようにする．

酸素飽和度の正常値は96〜100%で，低酸素状態で低下する．

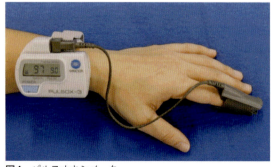
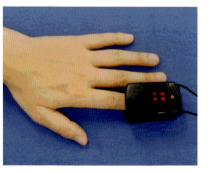

図4　パルスオキシメーター

## !知っておきたい

### 意識が消失して血圧が低下する偶発症（図5）

#### ①過緊張後循環虚脱

歯科治療終了後に緊張がとれて，脳貧血様発作と同様な症状を起こす場合がある．過度な緊張が続いた後に，一気に気が緩んで起こると考えられる．言わば，"火事場のバカ力"を発揮した後に，一気にタガが緩んでしまった状態．

迷走神経が優位になっているので，対処は脳貧血様発作と同様である．通常は，水平位，酸素投与，モニタで経過観察する．

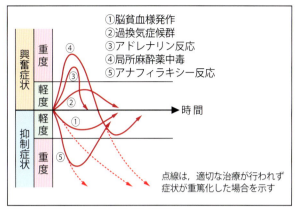

図5　歯科治療時に起こりやすい偶発症

#### ②アナフィラキシーショック

アレルギーによるショックで，まれだが最も生命のリスクが高い状態である．意識を消失する場合が多い．ショック症状は重篤で，血圧低下が強い．皮膚の蕁麻疹様の発疹・発赤，紅斑，浮腫，鳥肌などの皮膚症状が特徴的である．気道浮腫が生じ，強い場合は呼吸困難を起こし，窒息する．

治療には，アドレナリン，ステロイド，酸素投与などがある．発症したら，ただちに救急車を要請しなければならない．エピペン®注射液（図6）も有効である．抗菌薬が原因になりやすく，鎮痛薬が原因になることもある．

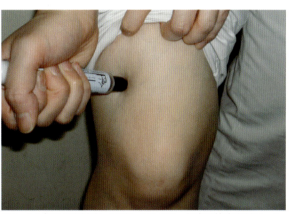

図6　エピペン®注射液．アドレナリンの一般向け筋肉注射キット

#### ③局所麻酔薬中毒

局所麻酔薬の血中濃度が5μg/mL以上になると局所麻酔薬中毒の症状が生じる．アドレナリン添加2％リドカインで，リドカインが500μg（25 mL）以上になると生じる．通常の歯科処置の使用量では起こらない．

危険があるのは，インプラントなどで大量の局所麻酔薬を急激に注入した場合や，体の小さな小児で相対的に大量に使ってしまった場合などである．

症状は，初期は興奮的に作用し，おしゃべりになったり，血圧上昇，頻脈が生じたりする．進行すると全身ケイレンを起こし，抑制症状が生じて呼吸循環抑制を起こす．

処置として，症状の初期には鎮静薬を，進行した状態では昇圧薬などの循環作動薬投与や，蘇生法を行う．

#### ④全身的な疾患が急性増悪して意識が消失する場合

1. 高血圧性疾患：血圧上昇，高血圧緊急症など
   （16頁『症例4』参照）
2. 心疾患：狭心症，急性心筋梗塞など
   （20頁『症例5』参照）
3. 糖尿病：低血糖ショックなど
   （24頁『症例6』参照）

#### 局所麻酔薬でアレルギーを起こすか？

リドカインは構造的にアレルギーの原因になりにくいが，局所麻酔薬に添加されている防腐剤や安定剤が原因になることがある．筆者（野口）は，リドカインのアレルギーがあると紹介された患者に検査を行って，実際にアレルギーが証明された経験がない．

一般に，局所麻酔時に異常が起こると，術者は安易に患者にアレルギーと説明してしまう場合が多い．

しかし症状を確かめると，実際は痛みによる脳貧血様発作だったと思われる場合が多い．発疹などの皮膚症状がなく，酸素投与などで10分程度で改善していたら脳貧血様発作の可能性が高い．

他科の処置で局所麻酔を使用していても，異常を起こしていない場合も多い．しかし，術者にアレルギーと告げられると，患者側は，"自分は局所麻酔薬アレルギーである"と信じてしまい，実際にはアレルギーではないと納得させるのに難渋するケースもある．術者は患者に説明する場合，慎重でなければならない．

症例 2

# 過換気症候群
息ができないと訴える！

- 47歳　男性
- 主訴：左の下顎の奥歯がない
- 診断：6̄欠損
- 処置：6̄インプラント埋入術
- 経過：6̄の歯肉に浸潤麻酔したところ，患者が荒い呼吸をし始めて，「息ができない！」と訴えた

## 診断
**患者の様子から考えられること**

「胸が苦しい！」「息ができない！」と訴えた場合，過換気症候群の可能性が高い．さまざまな症状をみせ，患者も術者もあわてやすいが，実際はさほど重篤な状態ではない．換気が過剰な状態で，患者は浅く速い呼吸をする．手足の指先がしびれたり，突っ張ったりして，指先の屈曲がみられる場合もある．

## 基本の対処法

「息ができない！」と訴えたら，呼吸をみて SpO₂（動脈血酸素飽和度）を測定する．

**スタッフの動き**

歯科治療中断
↓
呼吸を観察する．呼吸数が多い（20回/分以上）　── 血圧計とパルスオキシメーターを準備
↓
SpO₂（動脈血酸素飽和度）を測定する　── モニタ装着と測定の補助
↓
97％以上
↓
坐位にする
↓
気持ちを落ち着かせてゆっくり息をするよう指示する
↓
通常，5〜10分で症状が消失する
↓
回復が遅い場合やケイレンがみられる場合は静脈路を確保し，精神安定薬ジアゼパム 5〜10 mg を静脈注射する（やむをえない場合は筋肉注射でもよい）　── 静脈路確保の準備と補助
↓
静脈路の確保が難しく，意識があれば精神安定薬を内服させる（効果は少ない）

測定値を適宜，歯科医師に報告

落ち着かせるための声かけと動作（肩に手を置く）

指の状態にも注意を払おう

6

## DVDの処置，どこが悪くてどこが良いの？

**悪い例**

バイタルサインをみないですぐ酸素を吸入させているが，実際は低酸素症はなく，酸素が必要な状態ではない．手指の屈曲が起こっても，それが過換気症候群の症状と診断できていない．

**良い例**

術者は呼吸数と脈拍数を観察し，全身状態を評価している．呼吸数増加とSpO₂から過換気症候群と判断される．頻脈と血圧上昇も過換気症候群の症状に一致する．

治療は，従来，紙袋を用いた再呼吸法が行われていたが，現在では基本は患者を落ち着かせて，ゆっくり呼吸させることである（10頁に詳述）．

## ？ どんな疾患？

### 過換気症候群とは（図1）

#### ●意識消失はまれ

過換気症候群では，患者は，「胸が苦しい」，「息ができない」などと訴え，浅く速い呼吸をする．手指のしびれ感，不安感，頭痛，めまいなども生じる．症状が進行すると，全身のこわばりやケイレンが生じるが，意識消失はまれである．

交感神経は亢進して，脈拍数と血圧はやや上昇する．症状はさまざまであり，患者は不安感を募らせ，術者はあわてやすいが，実際は重篤な状態ではない．一般に若い女性に多いとされているが，筆者は60歳代の男性でも発作を経験しており，思い込みは禁物である．

#### ●血液がアルカリ性（アルカローシス）に

過換気によって体内の二酸化炭素（炭酸ガス）が少なくなり，血液がアルカリ性になる．アルカリ性になると血液中のカルシウム濃度が低下して，手指の先のしびれ，屈曲，こわばりなどが生じる（図2）．脳血管の収縮によってめまいや頭痛を起こす．交感神経が興奮して頻脈，動悸，胸苦しさが生じる．空気を飲み込んでしまい，腹が膨満して腹痛を起こす場合もある．

#### ●脳貧血発作との鑑別の仕方

過換気症候群を脳貧血様発作と間違える場合が多い（図3）．脳貧血様発作では顔面蒼白になるのに対して，過換気症候群では顔色はあまり悪くならない．鑑別には，呼吸状態を把握し，パルスオキシメーターを用いてSpO₂（動脈血酸素飽和度）を測定する．過換気症候群では低酸素状態ではないので，SpO₂は97％以上あることが普通である．

歯科治療時の偶発症の2〜3割を占めると考えられる．一般に救急車で搬送される患者の3割が過換気症候群とされ，想像以上に多い[1]．

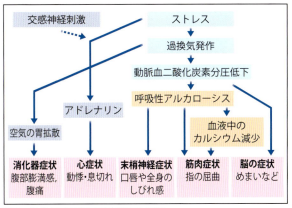

図1　過換気症候群の発症機序と症状

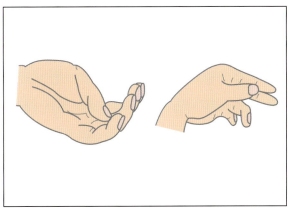

図2　特有な指の屈曲

図3　過換気症候群を脳貧血様発作と間違える場合が多い

# 過換気症候群の対処法と予防

## ●過換気症候群の対処法
### ①紙袋を用いた呼気再呼吸法について

過換気症候群の治療法として従来，紙袋を用いた再呼吸法が推奨されてきた．

過換気症候群では換気過剰によって，動脈血の二酸化炭素濃度が減少しているので，二酸化炭素濃度を上げれば症状は改善する．空気中の二酸化炭素は0.03％と少ないが，呼気中には約4％，つまり100倍以上の濃度が含まれる．したがって，呼気を吸入させると，血液中の二酸化炭素を上げることができるという考えである．

### ②治療法の見直し

しかし，最近は紙袋を用いた再呼吸法について見直しがされている．袋を用いて再呼吸を行わせた結果，窒息死させてしまったという事故が発生したからである．これは，医療関係者でない家族が，救急センターに電話して指示を受け，紙袋の圧迫の程度がわからず，袋を長時間強く密着させた結果，窒息させてしまったものと考えられる．

このように袋を用いて再呼吸をさせた場合，低酸素症（酸素不足）を起こしてしまう危険がある．この危険は特に呼吸器系の疾患のある患者において高いことが指摘されている．確かに，呼吸器系合併症のある患者では，呼気再呼吸は避けるべきだろう．したがって，現在では，まず，患者を落ち着かせて，様子を観察することが勧められている．

なお，術者が患者に，「大きく息をしてください」と指示すると，患者は呼吸を意識して大きく息を吸って過換気を増悪させることになりやすい．落ち着かせるためには，「ゆっくり息をしてください」と指示するとよい．

## ●過換気症候群を予防するには

恐怖心や緊張が強い患者かどうか判断する．もし，強い患者と思われたら，歯科治療恐怖症の患者と同様に，緊張させないようにリラックスさせ，痛くない処置を心がける．

①以前に過換気症候群の発作を起こした患者には処置前に精神安定薬（ジアゼパムなど）を投与する．

②静脈内鎮静法を行うことも考慮する．亜酸化窒素（笑気）吸入鎮静法は患者が呼吸を意識してしまいやすいことと，吸入開始初期に軽度の交感神経の興奮を起こすので，かえって発作を誘発する可能性があり，避けたほうがよい．

図4　過換気症候群の対処法
紙袋を用いた再呼吸は低酸素症の危険があり、推奨されていない

| 過換気症候群　症状が軽い場合の対処法<br>おさらいしておこう！ |
|:---:|
| ゆっくり息を吐くように指示する |
| ↓ |
| さらに回復が遅い場合はジアゼパム投与<br>（静脈注射・筋肉注射，内服） |

## !知っておきたい①

### 脈拍の測定

患者の手首の親指側（撓骨動脈）の拍動を触知する．
術者は人差し指から薬指までの3指か，小指までの4指をあてる（図5）．親指で手首を背側からはさんで手首を固定すると，拍動がわかりやすい．15秒数えて4倍，あるいは20秒数えて3倍し，1分間の脈拍数を算出する．成人の安静時の正常値は60〜80回/分である．

図5　脈拍数測定

## !知っておきたい②

### バイタルサインとは

バイタルサインとは，生きていることを示す基本的な徴候．代表的なものは，体温，呼吸数，脈拍，血圧の4つだが，そのほかにも意識レベル，顔色があげられる（図6）．

パルスオキシメーターで測定する動脈血酸素飽和度は，「第5のバイタルサイン」と言われる場合がある[2]．

図6　バイタルサインは『タ・コ・ミ・ケ』と覚えよう！

> **＊コラム＊**
> 
> **患者自身の両手によるエアポケット法**
> 
> 紙袋を用いた再呼吸のかわりに，筆者が勧めている方法がある．それは，患者自身によって，両手で口と鼻を覆ってエアポケットを作らせ，その中の呼気を再吸入させる方法である．自分自身では窒息するほど強く覆うことはできないし，万一，気分が悪くなったり，低酸素症を起こして意識を消失したら，腕は脱力して下がり，覆い続けることはできなくなる．つまり，人は自分の力だけでは窒息できないので，安全性が高いと考えられる．
> 
> しかし，本法も医療関係者が指導して行うべきである．

【症例2】文献
1) 野口いづみ, 雨宮義弘：歯科医院で生じた局所麻酔による偶発症34例の検討. 日歯麻誌, 2002, 30（3）：336-343.
2) 白井康之：パルスオキシメータ. 第19回クリニカルエンジニアリング研究会抄録号, 2010, 4.

症例 3 **異物誤嚥**
インプラント・ヒーリングキャップを口腔内に落とした！

- 67歳　男性
- 主訴：左側でかめない
- 診断：6 7 欠損
- 処置：印象採得後，ヒーリングキャップを装着
- 経過：3カ月前，6 7 部にインプラント体埋入手術を行い，今回，上部構造作製のため印象採得を行った．ヒーリングキャップを装着しようとして，誤って口腔内に落としてしまった．患者は，咳き込んで苦しそうだ．

## 診断
患者の様子から考えられること

ヒーリングキャップが咽頭喉頭部に落ちている．

## 基本の対処法

歯科治療時に異物を口腔内に落とした場合，まず口腔内に異物があるか，咽頭喉頭部へ落下したか判断する．

**スタッフの動き**

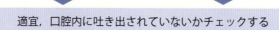

```
手術中断
 ├─ 口腔内にあれば         └─ 口腔内にないか、
    ピンセット，指で取り出すか，    咳をしている
    吸引器で吸引して取り出す
         ↓
    ただちに顔を横に向けて背部叩打を行う  ← 体位変換の補助
         ↓
    腹部突き上げ法をする
         ↓
    背部叩打と腹部突き上げを繰り返す
         ↓
    適宜，口腔内に吐き出されていないかチェックする  ← 口腔内を観察
                                                     口腔内にあれば吸引または吸引補助
    ┌──────────┬──────────┬──────────┐
    吐き出されず，  吐き出され    口腔内に
    意識消失や呼吸困難が ないが，     あれば吸引
    みられる      意識消失や
         ↓       呼吸困難が
    緊急通報して，  みられない
    経皮的気管穿刺を行い，
    酸素投与                           ← モニタ，酸素投与の準備
         ↓                              救急車要請・緊急搬送手配
    救急搬送
    救急対処・救急搬送先の病院で
    エックス線撮影する
```

窒息時の対応は必ずマスターしよう

## DVDの処置，どこが悪くてどこが良いの？

### 悪い例
術者は異物を落とした後に急激にチェアを起こしている．異物が咽頭喉頭部に落ちていた場合，急激にチェアを起こすと気管や食道に落とす危険がある．チェアを急激に起こしてはならない．

### 良い例
術者は異物を落とした後，急激にチェアを起こさずに，患者を横向きにして，背部叩打をしている．異物が咽頭喉頭部に落ちていても，急に起こさなければ，気管や食道に落とす危険は少ない．背部叩打は，硬い固形物を吐き出させるうえで有効性が高い．
また，術者が落ち着いていることは，患者を安心させるために，重要である．

## ? どんな疾患？

### 異物誤嚥とは

#### ●異物事故の原因
歯科治療時の異物事故の原因になるのは，鋳造物，抜去歯，リーマー・ファイル，ロールワッテ，義歯，バーなどである．事故は鋳造物の試適中や除去中に多い．
インプラント治療では，スクリュー，ヒーリングキャップ，印象用コーピング，アバットメント，ドライバーなどの事故が報告されている．
抜去歯やロールワッテによる死亡事故の報告もある[1]．

#### ●どこに落ちたのか？
異物は，口の中にとどまっている場合，咽頭喉頭部まで落ちてしまった場合，さらに食道胃消化器系か気管へ落下する場合がある．
喉頭部は複雑な凹み（喉頭蓋谷）があり，ここに一時的にとどまる場合が多い．凹みは魚の骨が刺さると抜けにくい部位でもある（図1）．
気管への落下は比較的まれで，筆者（野口）の調査では食道胃消化器系への落下の1/20程度である．気道異物は急激な呼吸困難や重篤な肺合併症をきたす危険がある．しかし成人では，急激に意識を消失するようなことは起こりにくい（13頁『成人と小児の気管の相違』参照）．いずれにせよ，落下先をエックス線撮影で確認することが必要である[1]．
咽頭喉頭部へ落下した場合，患者が咳をする．気管内に落下した場合も激しい咳をする．喉頭部の痛みや違和感を訴える場合もある．これらは擦り傷（擦過傷）によるもので，異物が除去されてからも数日，痛みや違和感が残る場合がある．

#### ●気道閉塞の症状
異物が大きく，咽頭喉頭部を閉塞させた場合，または気管まで落下した場合は，急激な気道閉塞の症状として，患者は声を出せなくなり，あわてて苦しそうな様子を示す．シーソー呼吸（通常は呼吸に同期して上下する胸と腹が，シーソーのように逆に上下する）もみられる．

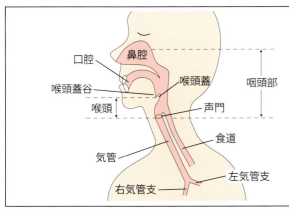

図1　咽頭喉頭部

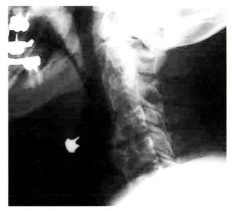

図2　試適中にコアを喉頭蓋谷に誤嚥した症例

## 重要 point　異物事故の対処法と予防法

### ●異物事故の対処法

口腔内に異物がある場合は，ピンセットや指で取り出す．吸引器の使用も有効．液体は，顔を下向きにさせ，口腔内を吸引する．患者の協力が得られる場合は，元気づけて咳をさせる．咳は異物除去に有効である．筆者らの調査では，30％で異物が口腔外へ吐き出されている[1]．

咳をする場合，異物は咽頭喉頭部に落下した可能性が高いので，背部叩打を行う（**図3**）．肩甲骨の間を強く手掌で連続して5回叩く．背部叩打は可動性の固形物の場合に効果的である．しかし，急激に起こしたり，叩打した勢いで咽頭喉頭部の異物を気管へ落下させてしまう危険がある．それを避けるために，術者は患者を急に起こさずに，側臥位（横向き）にするか，頭部を下げて低くし，背部叩打を行う．

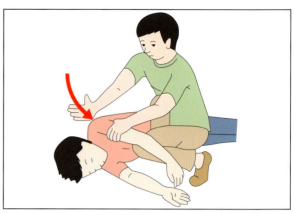

図3　背部叩打法

腹部突き上げ法（ハイムリック法）（**図4**）は，患者の後方から重ねた両手で一気に胃部を強く横隔膜に向かって突き上げる．肺を急激に圧迫して紙鉄砲の原理で異物を吐き出させようとする方法．1回で成功しない場合は，異物が出るか反応消失まで繰り返す．途中，背部叩打法も行い，口腔内に吐き出されていないか確かめる．

以上の方法で異物が取り出せず，患者が強い呼吸苦を訴えるか，反応が消失した場合は，ただちに緊急通報をする．

図4　腹部突き上げ法

緊急処置として，経皮的気管穿刺法がある．閉塞している部位よりも下部にバイパスを作る方法である．前頸部を伸展させ，喉仏の下の凹み（輪状甲状靭帯部）に太い針を用いて垂直に気管を刺す．針先が気管に入ると患者は咳をする．気管に刺せたら酸素投与をする．迅速に病院などの医療機関に救急移送して，気管ファイバーなどで除去する（**図5**）．

### ●異物事故を予防するには

治療体位について，水平位治療では重力の影響で異物が咽頭部へ落下しやすい．したがって，試適はリクライニング位で行うほうが，誤嚥の危険性は低い．特に嘔吐反射が強い患者では誤嚥事故が多いので，試適はリクライニング位で行うことが勧められる．

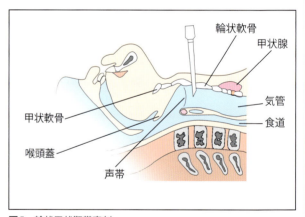

図5　輪状甲状靭帯穿刺

---

### 日常生活での異物事故

日常生活では食べ物を咽喉に詰まらせてしまう事故が多い．欧米ではステーキ，わが国では餅や握り寿司が多い．餅による気道閉塞事故は，吐き出す力の弱くなっている高齢者に多くみられる．

自宅で高齢者が餅を咽喉に詰まらせてしまった場合，どうしたらよいだろうか？　背部叩打法は鋳造物のような表面の滑らかな固形物には有効だが，餅のように粘り気のある物には有効でない場合が多い．このような場合には，吸引器，つまり掃除機を活用したい．最近の掃除機は吸引力が強く，餅を吸い出すパワーもある．歯科治療時には手元に吸引器があるので，異物事故では活用しよう．

## 知っておきたい①

### 胃消化器系に落ちた場合の経過

　鋳造物のように，硬く，丸い形状の物は，比較的排泄されやすい．筆者らの調査では，1/3の患者で翌日までに排出され，平均排泄日数は3〜4日であった．しかし，リーマー，ファイルのように尖ったものは腸壁を穿刺し，排泄までに時間を要する場合がある．ブリッジや義歯などの大きいものでも時間を要する場合がある（図6）[1]．

　開腹術が必要な例は少ない．開腹術をした例としては，義歯破折鉤とHファイルがあり，腸壁穿孔から腹膜炎症状を起こしたものである．また，腸の手術を受けた既往のある患者で，義歯破折鉤が狭窄部の腸粘膜を穿孔した例がある．消化器系の手術の既往がある患者では狭窄している場合があるので注意が必要である．

　排泄の確認は必須で，排便中に発見されなかった場合には腹部エックス線撮影によって異物陰影の消失を確認することが必要である．

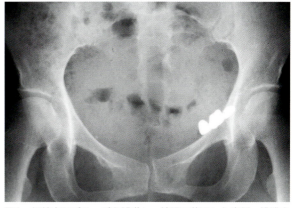

図6　仮着中にブリッジを誤嚥し，結腸に落下した症例．排泄までに2週間かかった

### 気管内に落ちた場合の経過

　気管内に落下した場合，咳で喉（喉頭）まで吐き出されることもある．また，それから消化器系に落下する場合もある．気管に落下した異物が体動や呼吸によって気管内を上下に移動することはまれではなく，舞踏性異物と呼ばれる．

　なお，成人では右気管支は気管から比較的角度が真っすぐに分岐している（25°）が，左気管支は急角度に分岐している（45°）．異物は右気管支に落下しやすく，この場合は吐き出されやすい．しかし，左気管支に落

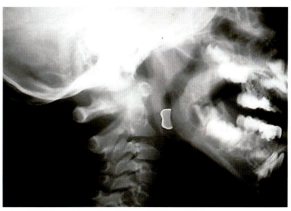

図7　試適中に乳歯冠を咽頭部に誤嚥した症例

下した場合は自力排泄されずに，摘出術が必要な場合もある（図7）．小児では左右気管支は同じ角度（110°）で分岐する．

## 知っておきたい②

### 成人と幼児の気管の相違

　成人では気管よりも声門が狭いため，異物が声門を通過してしまった場合，気管分岐部を越えて左右どちらかの気管支まで落下し，片側の気管支だけを閉塞させる．そのために突然に両側の肺の換気ができなくなるということは，健常者では起こらない（肺結核や肺のう胞で片側の肺の機能がない方や肺癌などで片側の肺を切除してしまった方では，正常なほうの肺の気管支に落ちると窒息を起こす場合がある）．

　しかし幼児では，声門の直下（輪状軟骨部）が最も狭く，声門を通過した異物がここに詰まる場合がある（図8）．その場合は異物が気管を閉塞し，両側の肺の換気ができなくなり，急激な窒息状態が生じる．

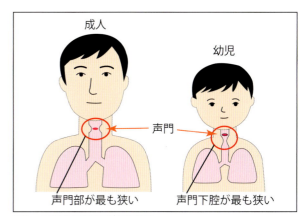

図8　小児は声門直下が最も狭い

【症例3】文献
1）笹尾真美，野口いづみ，雨宮義弘：歯科治療時の異物事故についての検討－歯科医師に対するアンケート調査から－．日歯麻誌，1997, 25（2）：723-730．

症例 **4 血圧上昇**〈高血圧性脳症〉

患者は頭痛と気分不良を訴えた!

- 64歳　男性
- 主訴：左下の奥歯がぐらぐらして痛い
- 既往歴：高血圧
- 診断：6| 歯周炎
- 処置：6| 抜歯
- 経過：6| の歯肉に局所麻酔薬 1.8mL を注入して浸潤麻酔をしたところ，患者が「頭が痛い」と訴えた

## 診断 — 患者の様子から考えられること

血圧が上昇してしまうと，患者は気分不良，頭痛，嘔気，めまい，耳鳴りなどを訴える．傾眠，見当識消失（どこにいるか，何時頃かという"見当"がつかなくなる状態）が起こる場合もあり，これを高血圧性脳症という．

DVDでは血圧が上昇していることから，高血圧性脳症と診断される．収縮期血圧（最高血圧）が 220/120 mmHg を超えると，全身ケイレン，意識障害などを起こす場合がある．

高血圧性脳症は，血圧を低下させることによって改善する．

## 基本の対処法

頭痛と気分不良を訴えたら，血圧を測定する．

**スタッフの動き**

歯科治療中断
↓
安静・半坐位〜水平位にする　—　安静・半坐位〜水平位にする際の補助
↓
血圧を測定する　—　血圧計とパルスオキシメーターを準備
↓
鼻カニューラを用いて流量 3〜5L/分の酸素吸入
↓
**降圧薬投与**
歯科治療時の血圧上昇に対する処置として適しているのはニトロ製剤（ニトログリセリンやニトロール®）である．ニトロ製剤のスプレー剤の口腔内噴霧は迅速にでき，速効性がある．
　—　降圧薬（ニトロ製剤など）準備
　—　降圧薬投与中の血圧や症状に注意を払う

↓

| 静脈路確保あり | 静脈路確保なし |
|---|---|
| 塩酸ニカルジピン 0.5mg を静脈注射 | ニトロ製剤の口腔内噴霧 3〜5分間隔で3回まで |

↓
血圧が下がりすぎたら下肢挙上を行う
血圧が下がらなければニフェジピン 5mg を鼻粘膜に塗布する．
　—　血圧に注意を払う
　—　血圧の低下により下肢挙上

測定値を適宜，歯科医師に報告

頭が痛い！

高血圧患者は治療前に必ず血圧測定を！

## DVDの処置，どこが悪くてどこが良いの？

**悪い例**
術者はあわてるだけで血圧測定もせず，二日酔いと推測している．

**良い例**
術者は落ち着いて血圧を測定している．
血圧は 220/130 mm Hg であることから，症状と合わせて高血圧性脳症と判断している．治療として，降圧効果があるニトロール®（ニトロ製剤）を口腔内に噴霧している．

## ? どんな疾患？

### 高血圧とは

#### ● 9割以上が本態性

加齢に生活習慣が加わって動脈硬化が進行し，高血圧が発症する（図1，表1）．成人の2割，70歳以上で5割以上が高血圧に罹患している．9割以上が本態性高血圧である（原因不明）．高血圧患者では動脈硬化があり，さまざまな血管系の合併症が続発する．

歯科治療時の偶発症としては，心臓と脳の血管破綻から，心臓と脳の急性症状をきたす危険（高血圧緊急症）がある（図2）．

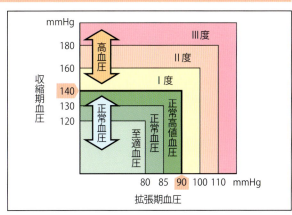

図1　血圧の分類

表1　WHOによる高血圧の病期分類

| 第1病期 | 臓器障害がない |
|---|---|
| 第2病期 | 軽度の臓器障害がある<br>　　左室肥大<br>　　網膜の動脈狭窄<br>　　腎障害（タンパク尿，クレアチニン上昇） |
| 第3病期 | 明らかな臓器病変がある<br>　　左心不全<br>　　高血圧性脳症，大脳・小脳・脳幹部出血<br>　　網膜出血と滲出性病変 |

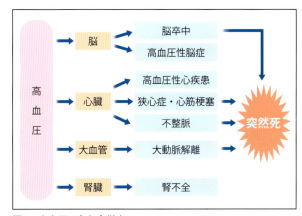

図2　高血圧の主な合併症

## ! 知っておきたい①

### 頭痛を起こす疾患

突発性の頭痛を起こす疾患に，高血圧性脳症，クモ膜下出血，脳出血がある．

高血圧性脳症では血圧が下がると症状が軽減し，意識消失は少ない．クモ膜下出血では，今までに経験したことがないような激しい頭痛を生じる．意識障害を伴うことが多く，数分で意識を消失する場合がある．髄膜刺激症状（右コラム参照）を生じるが，発症直後にはみられない場合もある．

脳出血では，頭痛の程度は中程度の場合が多い．片側の運動麻痺が生じ，意識障害を起こし，昏睡に陥る場合がある．緊張や興奮で血圧が急激に上昇した場合に多い．

片頭痛や群発頭痛でも発作性の頭痛をきたすが，既往歴から診断される．

**髄膜刺激症状とは**

髄膜炎や出血などで髄膜が刺激されると生じる症状．クモ膜下出血や髄膜炎のほか，単純ヘルペス脳炎，日本脳炎などでみられる．頭痛，嘔吐，知覚過敏などに加えて，項部（うなじ）硬直（首を動かそうとすると抵抗を示す）とケルニッヒ徴候（下肢を伸展させようとすると膝関節を曲げてしまう）などの症状を示す．

## 重要 point 高血圧患者への対応法と事故の予防法

### ●初診時・診察時
①高血圧の患者や高齢者では血圧を測定し，高血圧の程度を把握する．問診（頭痛，肩こり，めまい，ふらつきなどの自覚症状）の際に内服薬も尋ねる．内服している降圧薬によってある程度重症度が推測できる〈17頁『降圧薬』参照〉（表2）．
②内科治療中の患者では内科主治医へ，内服薬，コントロール状況，既往症（脳血管障害，虚血性心疾患，腎障害）などを問い合わせる．
③収縮期血圧 160 mmHg 以上で未治療の患者は，内科受診を勧める（表3）．
④コントロール不良の場合には手術を延期，あるいは総合病院の歯科へ紹介する．

### ●歯科治療前
治療日には，降圧薬の内服を忘れないよう指示する．血圧を上げないように注意する．収縮期血圧によって，対応を考慮する（図3）．

### ●歯科治療中
①モニタ（血圧測定，脈拍数測定，できれば心電図）を行う．
②痛み刺激を加えないように局所麻酔する．表面麻酔を行い，薬液を緩徐に注入する．
③局所麻酔を奏効させ，無痛を確認しながら処置を進める．
④アドレナリンの使用量に気をつける
⑤血圧を上げないようにし，短時間処置を心がける．
⑥血圧上昇時と症状に注意する．
　1. 血圧が180/110 mmHg 以上になったら処置を中断して安静にする．
　2. 血圧が下がらない場合には中止するか，降圧薬投与を行う．
　3. ニトロ製剤スプレー（ニトロール®，ミオコールスプレー®）を噴霧する．1回で0.3mg噴霧される．3～5分間観察して効果がない場合にはもう1回噴霧し，噴霧は3回までとする．立て続けに噴霧すると過度に血圧が下がりすぎてしまう場合があるため，血圧をモニタリングしながら行う．

表2　主な降圧薬

| 種類 | 代表的な降圧薬（商品名） |
|---|---|
| カルシウム拮抗薬 | アダラート®，ペルジピン® |
| ACE（アンギオテンシン変換酵素）阻害薬 | レニベース®，タナトリル® |
| ARB（アンギオテンシンII時受容体拮抗薬） | ニューロタン®，ブロプレス® |
| α遮断薬 | カルデナリン®，デタントール® |
| 降圧利尿薬 | ラシックス®，フルイトラン® |
| β遮断薬 | テノーミン®，インデラル® |

表3　収縮期血圧による対応

| 収縮期血圧 | 対応法 |
|---|---|
| 160 mmHg 以下 | 処置してよい |
| 169～180 mmHg | ①ニトログリセリン皮膚貼付薬（ニトロダームTTS，ミリステープ）を開始30分前に前胸部に貼付<br>②静脈内鎮静法を行う（鎮静薬は降圧作用がある） |
| 180 mmHg 以上 | 内科コントロールを優先させる |

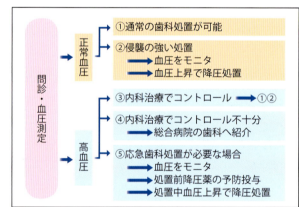

図3　高血圧患者への対応まとめ

4. 静脈路が確保されている場合には，塩酸ニカルジピン（ペルジピン®）を 0.5mg ずつ静脈注射する．確保されていない場合は，静脈穿刺が痛み刺激になり，一層血圧を上昇させる結果になるので，急な確保は避ける．

### 白衣（診察室）高血圧
医療機関で測定する血圧は家庭血圧よりも高いことが多く，家庭血圧との差が大きい場合には白衣高血圧の場合がある．白衣高血圧は精神的緊張や血圧調整機能障害によって血圧上昇をきたすものである．初回血圧測定時は高値を示す場合が多いので，測定を数回行うとよい．

## !知っておきたい②

### 降圧薬について

#### ①降圧薬から高血圧の程度を推測する

薬の内容（薬の種類，投与量，内服回数）から，高血圧の重症度をある程度推測できる（図4）．

#### ②ニフェジピンについて

かつて勧められていたニフェジピン（アダラート®）の軟カプセルをかみ砕く方法は，吸収が速いために血圧が下がりすぎる危険があり，禁忌になった．軟カプセルを破いて綿棒で鼻粘膜に塗布すると，効果がゆっくり発現する．緊急時の対応として，かみ砕かず飲み込ませる方法も禁忌になっている．

#### ③β遮断薬

β作用にはβ$_1$とβ$_2$があり，β$_1$は心機能亢進作用，β$_2$は血管拡張作用を示す．β$_1$とβ$_2$の両方の作用を遮断してしまう遮断薬を，非選択性β遮断薬（インデラル®など）と言う．非選択性β遮断薬は血管拡張作用も遮断してしまうために，アドレナリン添加歯科用局所麻酔薬で過度の血圧上昇を起こす場合がある．最近はβ$_1$選択性遮断薬が使われる場合が多い．

| 降圧薬から程度を推測 |
|---|
| ACE阻害薬：軽度の高血圧，高齢者 |
| ↓ |
| カルシウム拮抗薬：軽度〜中程度の高血圧<br>高齢者，狭心症，糖尿病 |
| ↓ |
| β遮断薬：重度の高血圧<br>心筋梗塞，狭心症，頻脈 |
| 利尿薬：高齢者，心不全 |

図4　降圧薬と適応
ACE阻害薬やカルシウム拮抗薬のみを内服してコントロールされている患者では，高血圧は軽症から中程度と推測できる．わが国では，β遮断薬は，比較的高血圧が高度の患者に投与されている場合が多い

#### ④カルシウム拮抗薬と歯肉増殖症

カルシウム拮抗薬の長期内服によって歯肉が増殖症を起こす場合がある．内服患者には十分なオーラルケア，ブラッシング，プラークコントロールの指導を行い，必要に応じて歯肉切除を行う．

## !知っておきたい③

### 高血圧と脳血流量

高血圧の患者では，脳血流の自己調節可能領域が高くセットされている．

正常者では血圧が低下しても平均動脈圧50〜60 mmHgまで脳血流が保たれるが，高血圧患者では80〜90 mmHg以下になると脳血流が減少してしまう（図5）．

平常時の血圧を考慮して，血圧を急激に下げすぎないように注意する．

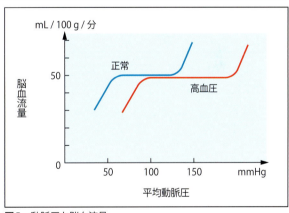

図5　動脈圧と脳血流量

---

### * コラム *

#### 高血圧患者とアドレナリン

歯科用局所麻酔薬には，アドレナリンが添加されているものが多い．濃度8万分の1では12.5μg/mL，濃度7.3万分の1では13.7μg/mL含まれている．

以前は，高血圧患者へのアドレナリン使用は禁忌になっていたが，現在では原則禁忌で，注意して使用するように勧告されている．

使用量の目安は，軽症（WHO第1病期）では総量200μgまで（濃度8万分の1で16mL），中等症（WHO第2病期）では総量40μgまで（3.2mL），重度（WHO第3病期）では総量20μgまで（1.6mL）とされている．

しかし，個人差があるため，症状や血圧をみながら局所麻酔を行う．また，アドレナリンの血中濃度は15分程度で半減するため，やむをえず大量に使いたい場合は，時間経過を待って追加するとよい．

症例 **5** **胸痛発作**
胸が痛いと訴えた！

- 70歳 男性
- 主訴：左側でかめない
- 既往歴：狭心症
- 診断：7┘欠損
- 処置：7┘インプラントの二次手術
- 経過：7┘の歯肉に局所麻酔薬1.2 mLを注入して浸潤麻酔をしたところ，患者が前胸部痛を訴えた

## 診断
**患者の様子から考えられること**

歯科治療中に急に胸痛を訴える心疾患として，狭心症，急性心筋梗塞などの虚血性心疾患が考えられる．狭心症では胸痛は15分以内に収まるが，心筋梗塞では30分以上続く．心筋梗塞では胸痛が強く，発汗（冷や汗），嘔気，嘔吐，頭痛，顔面蒼白，脱力感，血圧低下，不整脈，チアノーゼ，意識喪失を生じ，ショックへ至る．

## 基本の対処法

胸痛発作を起こしたら，ニトログリセリンを投与する．

**スタッフの動き**

歯科治療中断
↓
安静・半坐位 ─ モニタ，酸素投与の準備
↓
モニタリング
↓
酸素吸入
酸素を，経鼻カニューラなら3〜5 L/分，マスクなら5〜7 L/分を与える
↓
心電図で狭心症と判断
血圧低下していなければニトログリセリン投与
↓
①ニトロスプレー製剤（ミオコールスプレー®，ニトロールスプレー®などのニトロ製剤）を口腔内に噴霧する．数分で効果が出る．スプレーは1回で0.3 mg噴霧される．
3〜5分間観察して効果がない場合はもう1回噴霧し，噴霧は3回までとする．
立て続けに噴霧すると血圧が低下してしまうので注意
②ニトログリセリン1錠（0.3 mg，ニトロペン®）を，舌下投与する

─ ニトロスプレー製剤準備
　血圧の低下に注意する
　低下した場合は下肢挙上の補助

↓
経過観察 ─ 救急車要請・救急搬送手配
↓
改善しなければ心筋梗塞の疑い．救急搬送

測定値を適宜，歯科医師に報告

む，胸が痛い…

胸痛にはニトログリセリン！

## DVDの処置，どこが悪くてどこが良いの？

**悪い例**
術者はあわてるだけで，胸痛があるにもかかわらず心電図を含むモニタリングをしていない．

**良い例**
患者が胸を押さえているので，心臓発作と考え，心電図を含むモニタリングを行っている．心電図から狭心症と診断し，治療として，冠血管拡張効果があるニトロール®（ニトロ製剤）を口腔内に噴霧している．

## どんな疾患？

### 虚血性心疾患とは（図1～3）

虚血性心疾患には，狭心症，心筋梗塞，不安定狭心症などが含まれる．

#### ①狭心症

狭心症は心筋の栄養血管である冠動脈が動脈硬化やケイレンによって狭くなり，心筋に一過性の酸素不足が生じた状態である．心電図ではST低下がある．

運動時に起こる労作性狭心症と，安静時に起こる安静狭心症がある．労作性狭心症は冠動脈の狭窄によることが多く，安静狭心症はケイレンによって起こることが多い．安静狭心症のほうが重症とされる．

#### ②心筋梗塞

心筋梗塞は冠動脈が閉塞して心筋が壊死をしてしまった状態で，狭心症よりも重症である．

冠動脈の内側に脂肪性の沈着物であるプラークが形成されて破裂し，そこに血栓ができて，冠動脈を詰まらせてしまうことによって起こる．心電図ではST上昇がみられる．

胸痛のほかに，「左顎が痛い」，「左奥歯が痛い」という症状もあり，歯科を受診する場合もある．胸痛は強く，長く持続し，ニトログリセリンは不十分か無効．ニトログリセリンの効果で狭心症と鑑別できる．一刻も早く病院へ移送する必要がある．

#### ③不安定狭心症

心筋梗塞と同様に，プラークが破裂して血栓ができたが，血管は詰まっていない状態である．

最近，胸痛が強くなったり，長く続くようになったり，回数が増えたなど，症状の程度が悪化している方向にある状態である．1～2カ月以内に初めて起こった狭心症も，不安定狭心症として扱う．

不安定狭心症の1割は心筋梗塞へ移行する．不安定狭心症は，狭心症から心筋梗塞へ悪化する段階と考えられ，歯科治療は禁忌である[1]．

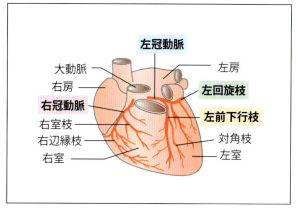

図1　大動脈から左冠動脈と右冠動脈が分かれ，左冠動脈は左回旋枝と左前下行枝に分かれる

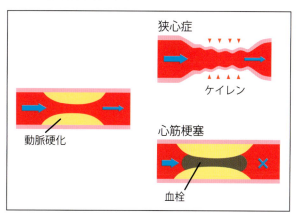

図2　狭心症と心筋梗塞

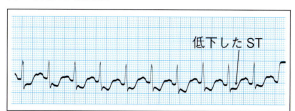

図3①　狭心症の心電図

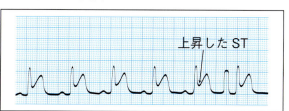

図3②　心筋梗塞の心電図

> **重要point** 胸痛発作の対処法と予防法

### ●急性冠症候群（ACS）
急性冠症候群とは，心筋梗塞と不安定狭心症を合わせたもので，救急の対処が必要な状態である．
心筋梗塞では，病院に運ばれる前に1/3の患者が死亡し，5〜10%が移送先の病院で死亡する．

### ●予防法
①問診によって現在の状態を把握する．日常生活の動悸や息切れについて尋ねる．動悸や息切れがなければ，問題は少ない．
②内科主治医へ，内服薬，現在の病状などを問い合わせる．

### ●ニトログリセリンと血圧低下
ニトログリセリンは血圧を低下させる作用があるので，投与時は血圧が低下していないことを確認する．投与後に血圧が低下する場合は下肢挙上を行う．

表2　RPPと対応

**RPP＝収縮期血圧×脈拍数**

RPP：心筋酸素消費量の目安

| RPP | 対応 |
| --- | --- |
| 12,000以下 | 治療継続 |
| 12,000〜15,000 | 要注意<br>中断できる態勢で手術継続 |
| 15,000以上 | 手術を中断して安静<br>降圧処置を考慮 |

### ●手術直前の注意
①常用薬の服用を忘れないようにしてもらう．
②ニトログリセリンを処方されている場合は持参させ，治療前に出しておいてもらう．
③狭心症患者：治療前に発作を予防する方法もある．硝酸イソソルビド（ニトロール®）の内服，ニトログリセリンのテープ剤（ミリステープ®など）を手術開始30分前に前胸部に貼る，などである．

1. ストレスをかけないように行う：局所麻酔薬に含まれるアドレナリンの量は8万分の1の濃度で12.5μg/mL，7.3万分の1の濃度で13.7μg/mLと少ない（17頁コラム）．しかし口腔粘膜は吸収がすみやかである．さらに刺入・注入時の痛みが大きく，内因性アドレナリンの血中濃度も上がる．アドレナリンの血中濃度が上がると循環器系が刺激されて，心拍数が増加し，血圧が上がる．局所麻酔薬はゆっくり注入するようにする．
2. モニタリングを行う：心拍数が増加すると心筋酸素消費量が増加し，心臓に負担がかかり，心筋虚血を起こしやすい．血圧上昇時には降圧薬の投与も必要．
3. RPP（Rate Pressure Product）を目安にする心筋梗塞の患者では12,000を超えると心筋虚血が起こりやすい（表2）．
4. 静脈内鎮静法を適用する：緊張が強い場合や手術侵襲が大きい場合に，血圧の上昇や心拍数の増加を抑制できる．

> **知っておきたい①**

## 急性冠症候群に対する救急治療
### －MONA療法－

MONA療法とは，急性冠症候群で推奨されている救急治療法である．"M"は麻薬系鎮痛薬（モルヒネ）で，胸痛や不安感に使われる．

歯科で実際的な対処は，"O"の酸素，"N"のニトログリセリン，"A"のアスピリン．

ニトログリセリンは冠血管拡張作用のほかに静脈拡張作用と動脈拡張作用があり，心臓の仕事量を減少させる効果がある．

アスピリンは抗血小板作用があり，血小板凝集と血栓の増悪を抑制できる（図4）．

図4　アスピリンは飲み込まず，かみ砕く

## !知っておきたい②

### 心筋梗塞後の注意

#### ●発作後30日以内は再発の危険性が高い

心筋梗塞発作直後を急性心筋梗塞，2カ月以上経ったものを陳旧性心筋梗塞と呼ぶ．発作後30日以内は再発の危険性が高く，30％の患者で3カ月以内に再発し，50％が死亡する．

従来，6カ月までは再発の危険性が高いため，心筋梗塞の後6カ月間は歯科治療を行わないほうがよいとされてきた．しかし最近では，閉塞した冠動脈を再開させる方法（再灌流療法）が一般化している．

再灌流療法によって冠動脈血流が回復し，心機能が改善されれば歯科治療をもっと早く再開できると思われる．実際，閉塞した部位は6週間で瘢痕化し，2カ月で社会復帰することを考えると，歯科処置ももっと早く再開可能と思われる．心筋の壊死部分の大きさや回復を勘案して，個別に対応することが必要である．

#### ●再灌流療法（図5）

①薬物療法：症状が軽度な場合，血栓溶解薬（t-PA）を静脈投与．冠動脈の入り口から血栓溶解薬を流し込む方法もある．

②経皮的冠動脈形成術（PTCA）：カテーテルを冠動脈の閉塞部に送り込んで，先端の風船を膨張させて拡張させる．金属のメッシュの管（ステント．最近は再閉塞を防ぐ薬剤をゆっくり溶出させるタイプもある）を閉塞部に留置したり，小型ドリルで内側を削る方法（ロータブレーター）もある．「風船療法」と一般の方に俗称されている．

③冠動脈バイパス術：動脈硬化が高度の場合に行う．手足の静脈や胸腹部の動脈を使って，狭窄部をバイパスさせる方法．

#### ●心筋梗塞後の心機能評価

慢性期の心筋梗塞患者の歯科治療は以下の事項を参考にする[2]．

- □ 心不全があるか
- □ 不整脈があるか
- □ 狭心症があるか
- □ 抗凝固薬（ワルファリン，直接トロンビン阻害薬）・抗血小板薬（アスピリン，チクロジピン，クロピドグレルなど）を内服しているか

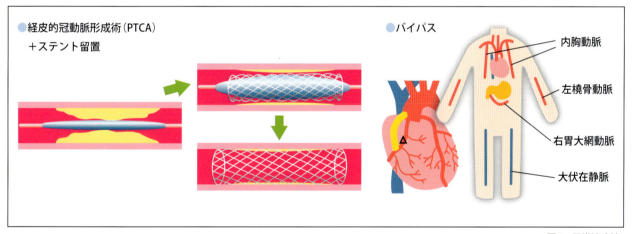

図5　再灌流療法

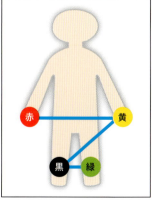

図6　心電図電極の付け方
四肢誘導の電極の色は以下のように分けられている．
右手：赤
左手：黄
右足：黒
左足：緑
右手から左足にZ字状に【秋吉久美子】とおぼえよう！

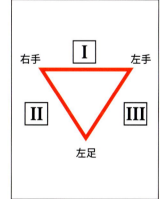

図7　第Ⅰ誘導は右手と左手の間の電位差，第Ⅱ誘導は右手と左足の間の電位差，第Ⅲ誘導は左手と左足の間の電位差を示す．

【症例5】文献
1）金子譲：歯科診療時における循環器系疾患患者の管理．日本歯科医学会誌，1990，9（3）：3-18．
2）子島潤ほか：歯科診療のための内科．2007，47．京都，永末書店．

## 症例 6 糖尿病〈低血糖ショック〉
### 治療終了後，意識消失！

- 60歳　男性
- 主訴：右下の奥歯が欠けて痛む
- 既往歴：糖尿病
- 診断：6| 齲蝕
- 処置：6| 形成と印象
- 経過：6| の歯科治療を終了したところ，患者はデンタルチェア上に倒れ込み，意識を失った

### 診断
**患者の様子から考えられること**

低血糖ショックは，糖尿病患者で低血糖状態になったときに起こしやすい．冷や汗，嘔吐，動悸，手指の震え，脱力感，意識消失などの症状がみられる．空腹時に起こしやすい．DVDでは糖尿病患者であること，意識消失，著明な冷や汗，処置が長引いて食事時間を過ぎてしまったことなどから，低血糖ショックの可能性が推測できる．

### 基本の対処法

低血糖症には糖分を補給する．低血糖症は，脳障害などの後遺症を残したり，致死的な場合があり，すみやかな処置が必要である．狭心症発作を起こす場合もあり，酸素投与も必要になる．回復後はできれば内科担当医のいる病院へ救急搬送する．

**スタッフの動き**

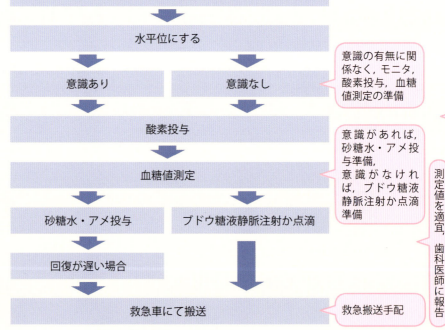

低血糖の症状は，冷や汗，嘔気，動悸，手指の震え，脱力感，意識消失など

## DVDの処置, どこが悪くてどこが良いの？

### 悪い例
術者はあわてて，患者を揺さぶっているが，頭がガクガク揺れるほど強く揺さぶってはいけない．低血糖ショックである可能性を思いつかず，モニタリングと血糖値の測定をしていない．

### 良い例
術者は，意識がないと判断して，次に脈拍を確認し，モニタリングと酸素投与を指示している．患者が冷や汗をかいていること，糖尿病患者であること，昼食時間を過ぎていることから，低血糖ショックを疑い，血糖値の測定をしている．

血糖値 29 mg/dL の低血糖状態であることから低血糖ショックと診断し，ブドウ糖の点滴をし，ただちに救急搬送の手配をしている．

## ？ どんな疾患？

### 糖尿病とは

#### ●糖尿病は沈黙の殺人者！（図1）

糖尿病とは，血液中のブドウ糖の濃度（血糖値）が病的に高くなってしまった状態で，血糖値が高くなると尿中にブドウ糖が排泄されるようになる．

罹患期間が長くなると高血糖から動脈硬化症が進行し，高血圧，心疾患，網膜症，腎症，神経障害（末梢のしびれ，神経痛）などが生じる．糖尿病に肥満，高血圧，高脂質血症を併発すると脳梗塞や心筋梗塞の発病率が増加し，死の四重奏と言われる．人工透析になる理由として糖尿病性腎不全が最も多い．失明する原因としても，緑内障と双璧をなす．

歯科領域では歯周病との相互関係がよく知られている．最近では，癌やアルツハイマー病の発症率を増加させることが指摘されている[1]．

#### ●糖尿病の診断（図2）

糖尿病の診断は，空腹時血糖とブドウ糖負荷試験で行われてきた．しかし，最近は HbA1c が用いられることが多い．HbA1c は過去1～2カ月間の血糖値の平均値を示し，摂食時間に左右されないので測定が容易である．HbA1c の値は2013年から国際標準化（NGSP）され，従来の日本独自の基準よりも 0.4% 高く，正常値は6.5% 未満である[2]．

#### ●糖尿病の治療

糖尿病の治療は，病因と重症度によって異なる．受けている治療法で重症度が推測できる．

2型糖尿病初期（軽症者）では，主に食事療法と運動療法が行われる．

食事療法，運動療法でコントロールができない場合は，経口血糖降下薬を内服する．血糖降下剤には6種類ある．一般的なものとしてはオイグルコン®，ダオニール®，グリミクロン®，アマリール®，ベイスン®などがある．

これらによってコントロールがうまくできない重症者ではインスリン注射を行う．

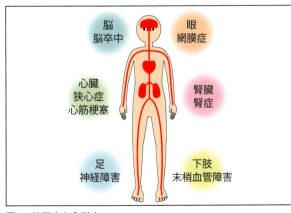

図1 糖尿病と合併症

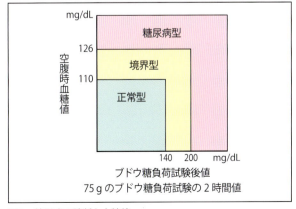

図2 糖尿病の診断と血糖値

> **重要point** 糖尿病患者への対応法と事故の予防法

●対応法

重症度と合併している疾患を把握する（表1）．

術前の処置

①血糖値のコントロール状態を知る．
　正常値　空腹時血糖　70〜110 mg/dL
　HbA1c　6.5％未満
②低血糖発作の既往はあるか．
③合併症はあるか．高血圧や虚血性心疾患のコントロール状態はどうか．
④担当医へ照会状を書く．

●周術期の注意事項

空腹時間が長くなると低血糖状態を起こすため，食事時間がずれないように予定を立て，処置を済ませる．
①処置前に食事の摂取を確認する．
②低血糖発作の症状の発現に注意する（冷や汗，動悸，脱力感，震え，悪心，嘔吐）．
③循環器系が変動しやすいのでモニタリングを行う．血圧の上昇に注意．
④処置後の抗菌薬の投与（創の上皮化が完成するまで）．

表1　HbA1cの数値と高血圧，虚血性心疾患の有無により対応法を決定する

| HbA1c | 高血圧，虚血性心疾患 | 対応法 |
| --- | --- | --- |
| 6.5％未満 | なし | 通常歯科治療可 |
|  | あり | コントロールを依頼 |
| 6.5％以上 | なし | 処置後の感染に注意して通常の歯科処置は可　侵襲の大きい歯科治療ではコントロールを依頼 |
|  | あり | コントロールを依頼　侵襲の大きい歯科治療は総合病院の歯科へ依頼 |

図3　簡易型血糖測定装置
チェアサイドで簡単に調べられる簡易型血糖測定装置．数分で血糖値が測定できるので，歯科医院に常備しておきたい

---

### 糖尿病の分類

糖尿病は，メカニズムによって主に1型糖尿病と2型糖尿病に分けられる．

1型糖尿病はインスリン依存型糖尿病ともいい，ランゲルハンス島のβ細胞から分泌されるインスリンが，細胞の損傷のために減少しているものである．生活習慣とは無関係で，自己免疫疾患である．20歳以下の発症が多く，糖尿病の5〜10％を占める．インスリン注射で治療する．

2型糖尿病は，血糖値を低下させるインスリン分泌の反応が低下するものと，インスリンに対して感受性が低下（インスリン抵抗性）するものがある．成人後，遺伝的要因に生活習慣病が加わって，発症することが多い．

## ! 知っておきたい①

### 低血糖症と糖尿病性昏睡

#### ①低血糖症（表2）

低血糖ショックは，インスリン療法を受けている患者に生じやすい．低血糖ショックは繰り返し起こす場合が多いため，既往歴として，低血糖ショックを起こした経験があるか確認することが重要である．

低血糖ショックの症状として，冷や汗，動悸，嘔気，脱力感，意識消失，ケイレンなどがある．

治療法として，糖液の静脈内投与，酸素投与があり，意識があれば砂糖水・アメを投与する．

表2　低血糖値と症状

| 血糖値 mg/dL | | 症　状 |
|---|---|---|
| 70 | 警告症状 | 空腹感，生あくび，不快感 |
| 60 | 交感神経症状 | 発汗（冷汗），手足の震え（振顫），動悸（頻脈），吐き気，顔面蒼白，不安感 |
| 50 | 中枢神経症状 | 集中力低下，脱力，眠気，めまい，視力低下（霧視），知覚異常，ろれつが回らない |
| 40 | | |
| 30 | 意識障害 | 傾眠〜昏睡（意識消失），精神症状（異常な行動） |
| 20 | 低血糖昏睡 | 浅い呼吸，体温低下，徐脈，ケイレン，昏睡 |

#### ②糖尿病性昏睡（高血糖）

血糖値が250 mg/dL 以上になると，口の渇き，多飲，多尿，倦怠感，悪心，嘔吐，アセトン臭などの高血糖症状が生じる．

個人差が大きいが，500 mg/dL 以上になると，意識混濁，昏睡などの高血糖症状がみられる．

治療法は，即効型インスリン投与，酸素投与，電解質補液などである．

#### ●糖尿病と意識障害

低血糖症でも高血糖でも意識障害が生じる．血糖値がコントロールされている場合には，低血糖症による意識障害のほうが多い．また，低血糖症の対処は緊急性が高いので，糖尿病患者で意識障害を起こしたらまず低血糖症を疑う．

歯科治療時の偶発症として最も多い神経因性ショックでも，意識消失や呼吸抑制を生じる．糖尿病患者で意識を消失したら，血糖値を測定する．血糖値が正常範囲内であれば，神経因性ショックを疑う．

## ! 知っておきたい②

### 易感染性と創傷治癒遅延

表3は，糖尿病患者への歯科治療時の注意点である．

処置後は，易感染性と創傷治癒遅延が問題となる．糖尿病患者は軽度の免疫不全状態となっており，皮膚感染症（蜂窩織炎など），尿路感染症，カンジダ症などを起こしやすい．

また，冠状動脈手術では血糖値レベルと手術創感染，肺炎，尿路感染の発生率の相関が認められている[3]．このため，血糖値がコントロールされていない場合には，難抜歯，インプラント手術など，侵襲の大きい手術において感染予防が重要である．

表3　糖尿病患者の歯科治療時の注意点

- ○ 創傷治癒遅延
- ○ 易感染性
- ○ 糖尿病性昏睡
- ○ 低血糖症
- ○ 虚血性心疾患

---

【症例6】文献

1）横田浩一：糖尿病合併症としてのアルツハイマー病．日老医誌，2010，47：385-389.

2）日本糖尿病学会編：科学的根拠に基づく糖尿病診療ガイドライン2013．7-20．東京，南江堂．

3）Golden SH, Peart-Vigilance C, Kao WH, Brancati FL: Perioperative glycemic control and the risk of infectious complications in a cohort of adults with diabetes. Diabetes Care. 1999, 22:1408-1414.

症例 **7 不整脈**〈心肺停止〉
待合室にて意識消失！

- 70歳　男性
- 主訴：下の奥歯が痛い
- 既往歴：高血圧
- 診断：7 歯周病
- 処置：7 抜歯
- 経過：治療前に，待合室にて意識を消失した

## 診断
### 患者の様子から考えられること

　突然の意識消失と呼吸停止をきたした場合，心臓発作か脳卒中の可能性が高い．DVDでは，歯科医師が頸動脈に触れて拍動がないことを確かめているため，本症例は心肺停止と推測される．患者が倒れる前に胸部を押さえていることからも，胸痛があったと推測され，急性冠症候群（心筋梗塞）による心肺停止が示唆される．

## 基本の対処法

　患者に反応がなく，普段通りの呼吸もしていなければ，ただちに周囲に応援を求め，救急車要請とAEDの手配をする．頸動脈を触れなければ，心肺停止していると考える．

**スタッフの動き**

ただちに周囲に応援を求める
救急車要請とAED手配　　← 救急車要請・AED手配

↓

頸動脈拍動を触知しない

↓

胸骨圧迫と人工呼吸

↓

AEDが到着したら電源を入れ，パッドを装着し，解析を待つ　← AED装着以後，歯科医師と協力して胸骨圧迫と人工呼吸を行う

↓

| 除細動（電気ショック）が必要な場合は1回行う | 除細動（電気ショック）が不要な場合は行わない |

↓

胸骨圧迫と人工呼吸を続け，AEDの指示（2分ごと）に従う

↓

救急車要請．病院へ搬送する

待合室でも要注意！

## DVDの処置，どこが悪くてどこが良いの？

### 悪い例
突然の意識消失は心停止の可能性があるため，呼吸の確認と頸動脈を触知する必要がある．頸動脈を触知しない場合は，ただちに胸骨圧迫すべきである．

### 良い例
術者は反応と呼吸がないと判断して，ただちに救急車とAEDを要請している．頸動脈を触知し，拍動がないことを確認し，胸骨圧迫心臓マッサージと人工呼吸を開始している．

人工呼吸は感染防護マスクを出して行い，バッグ・バルブ・マスクが届いてからは，それを用いている．

AED到着後，ただちに使用を開始し，指示通り除細動（電気ショック）を行っている．

## ? どんな疾患？

### 患者が倒れ込んだときには

#### ●症状と必要な処置（図1）

反応があれば，ケガがないか確かめる．ケガがあればケガの処置などの応急処置をする．

心肺蘇生法は，反応がない場合の処置法である．「反応がない」→「呼吸がない」→「心臓が止まっている」の順で重症になる．心臓が止まっているのに呼吸や意識があるということはない．

#### ●一刻も早く胸骨圧迫（心臓マッサージ）を！

以前は，意識がなければ気道確保，呼吸がなければ人工呼吸，心臓が止まっていれば心臓マッサージという順番だった．しかし，2010年のAHA（アメリカ心臓学会）のガイドラインから，反応と呼吸がなければまず胸骨圧迫を行うことになった．胸骨圧迫の重要性が増したと言える[1]．

さらに訓練を受けていない一般の救助者は胸骨圧迫のみ（ハンズオンリー）をすべきとされている．人工呼吸はうまくできない場合があること，人工呼吸のために胸骨圧迫が中断されてしまうこと，感染の危険が

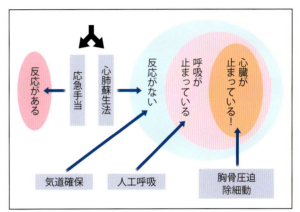

図1 症状と必要な処置

あることなどがその理由と考えられる．ただし，訓練を受けた一般の救助者で人工呼吸ができる場合は人工呼吸も行うことは変わらない．なお，小児，溺水者では，呼吸停止による心停止が多いため，必ず人工呼吸をする必要がある．

### 除細動による蘇生例

除細動によって蘇生に成功した，筆者（野口）の印象深い経験例を紹介する．

1例は42歳の男性で，手術室にて上顎洞根治術の全身麻酔中に心室細動を起こした．原因は，アドレナリンの血管内誤注入と考えられた．除細動を2回行うことで蘇生できた．

もう1例は56歳の男性で，トレイルランニングレースの医療班に筆者が参加したときのことである．コース上に意識不明者が発見されたという連絡が入った．悪天候のためにヘリコプターは飛来できなかった．呼吸停止の続報も入ったため，現場に急行した．

人工呼吸によって患者の呼吸は再開していたが，意識はなかった．担架による搬送下山中，AEDが電気ショックが必要と告げた．AEDで電気ショックを1回行うと心拍が再開し，頸動脈に触れると，拍動が力強く再開していた．心室細動発生から電気ショックまで1分44秒だった．

傷病者は翌日意識を回復し，社会復帰することができた．

> **重要 point** 心肺停止患者への対処法

### ●心肺蘇生法（図2）

1. 反応（意識）がないか確認する．肩を軽く叩きながら名前を呼ぶか，「大丈夫ですか～」などと，耳元で大きな声で呼びかける．強く頬を叩くと，脳を揺さぶる危険があるのでしてはならない．普段通りの呼吸をしているかどうか確かめる．
2. 反応がなく，普段通りの呼吸をしていなければ，大声で周囲に応援を頼む．救急車を要請し，AED（自動体外式除細動器）の手配を依頼する．
3. 頸動脈拍動を触知する．
4. 頸動脈拍動を触知しなければ，胸骨圧迫（心臓マッサージ）と人工呼吸をする．胸骨圧迫は強く，速く，行う．
   触知したら心臓は動いているということを意味するため，人工呼吸だけを5～6秒に1回行う．
5. 患者が手足など体を動かしたり，声を出したり，呼吸を始めたら，心臓の拍動は再開した可能性が高いため，脈拍を触知する．
6. 胸骨圧迫は，救援隊が到着するまで，あるいはAEDが届くまでか，自己心拍が再開するまで続ける．
7. AEDは装着したままにし，指示に基づいて必要であれば除細動（電気ショック）を行う．

### ●胸骨圧迫（心臓マッサージ）（図3,4）

胸の中央（胸骨の下半分）に，救助者は片方の手掌の付け根を置き，もう一方の手をその上に重ねて置く．下に置きすぎると剣状突起骨折や肝臓損傷の危険があるため注意する．

100～120回/分の速度，胸壁が5～6 cm沈む深さで，真上から押す．圧迫時に肘が曲がらないよう，両腕と肩は三角形の形を維持する．1回ごとに胸骨が元の位置に戻るように力を抜く．

胸骨圧迫を30回したら，素早く気道確保して人工呼吸を2回．その後，再度，胸骨圧迫30回，人工呼吸2回，と繰り返す．他に救助者がいる場合は5サイクル（約2分）ごとに交替する．

### ●気道確保（図5）

頭を後ろに傾けて顎先を挙上すると，下顎と舌が引き上げられて，気道が開き，息を吹き込めるようになる．

### ●人工呼吸（図6）

気道を開いてから，鼻をふさいで息（呼気）を吹き込む．1秒間で胸が上がるのがわかる程度の量を吹き込む．過換気にならないように注意する．

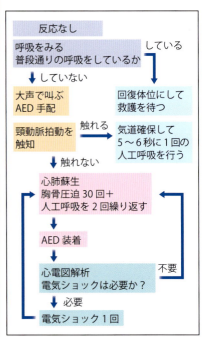

図2 心肺蘇生の流れ（医療従事者一次救命処置）
注：2015年のAHAのガイドラインでは，反応がない場合は呼吸と脈を同時に確認して，なければ緊急通報とAEDを手配することが推奨されている

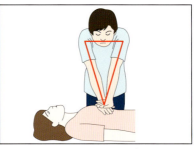

図3 胸骨圧迫（心臓マッサージ）の方法

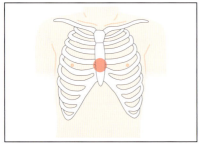

図4 胸骨圧迫する部位

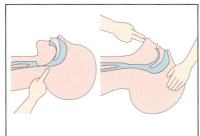

図5 気道確保

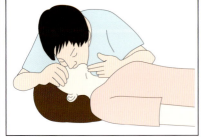

図6 人工呼吸

### 知っておきたい①

#### AED（自動体外式除細動器）（図7, 8）

AEDは,「心室細動」というケイレン状態の心臓に,電気ショックの一撃を与えて正気づかせる器械である.

「心室細動」は, 心臓が小刻みにケイレンを起こしてしまう心停止状態で,「最悪の不整脈」と呼ばれ, 突然死の大きな原因になっている[1].

そのほか, 代表的な心停止の心電図として, 波型がフラットになってしまう「心静止」があるが,「心静止」には電気ショックは効かない.

患者の胸に電極を貼付すると, 自動的に心電図を解析し, 音声で指示してくれる. 救助者が指示に従ってボタンを押せば, 心臓に電気ショックを与えられる.

AEDには, 自動的に2分おきに解析するモニタ機能もあるため, 患者に取り付ければ, 電気ショックが必要なときに知らせてくれる.

心室細動を起こした場合, 電気ショックが1分遅れると, 救命率が7〜9％ずつ低下する. 一刻も早く電気ショックが行われることが必要だ.

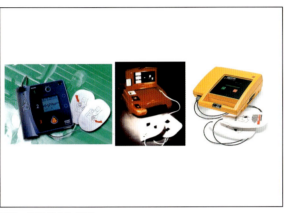

図7　さまざまなAED

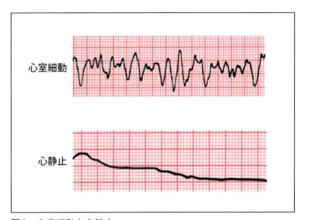

図8　心室細動と心静止
［アメリカ心臓学会（AHA）：ACLSプロバイダーマニュアル AHAガイドライン2005準拠. 2007, 160（心室細動）, 162（心停止）. 東京：シナジー. より引用改変］

### 知っておきたい②

#### 頸動脈触知：普段から練習しておこう（図9）

以前は, 頸動脈の拍動を触知しなければ心停止と判断していた. しかし2010年のガイドラインでは, 医療従事者ではない一般の方は, 頸動脈を触れる必要がなくなった[1].

頸動脈の触知は難しく, 講習会などで一般の方に頸動脈を触れてもらうと, 9割が間違った部位（多くは後ろすぎ, 胸鎖乳突筋あたり）を触れている.

医療従事者では, 頸動脈を触知することになっている. 触知する部位は, 喉仏と胸鎖乳突筋の間で, 一般の方が認識しているよりも前だ.

患者を水平位にした場合, 喉仏から自分（医療従事者）側に指を滑らせ, 胸鎖乳突筋の前で指の腹で触れるようにする. 触れにくければ, 頸を少しそらすと触れやすくなる.

親指と人差し指・中指で左右から押してしまうと, 首絞めのポーズになってしまう. 親指は折って, 人差し指・中指だけで片側を, 気管の方向に押すとよい.

ショックなどで血圧が下がっていると, 触知が一層難しくなる. 普段から練習しておこう.

図9　頸動脈触知

【症例7】文献
1） アメリカ心臓協会（AHA）：BLSヘルスケアプロバイダー受講者マニュアル　AHAガイドライン2010準拠. 2011. 東京：シナジー.
2） アメリカ心臓学会（AHA）：ACLSプロバイダーマニュアル AHAガイドライン2005準拠. 2007, 160（心室細動）, 162（心停止）. 東京：シナジー.

## 症例 8 神経麻痺
### インプラント体埋入手術翌日に下唇のしびれを訴えた!

- 68歳　男性
- 主訴：右下唇がしびれている
- 診断：インプラント体埋入手術による右側下歯槽神経損傷
- 処置：前日，下顎右側臼歯部に，インプラント体埋入手術を行った
- 経過：右下唇およびオトガイ部皮膚にしびれが生じた

### 診断
**患者の様子から考えられること**

患者はインプラント体埋入手術翌日に下唇のしびれを訴えているため，埋入術の右側下歯槽神経損傷による知覚麻痺と考えられる．インプラント体埋入手術に伴う神経損傷は，主に，下歯槽神経，オトガイ神経の知覚麻痺である．神経損傷を疑う場合は，早期にCT撮影を行い原因を明らかにする必要がある．早急にインプラント体の除去を必要とすることが多い．

### 基本の対処法

原因，損傷の程度，麻痺の範囲，予後を明確にする．

**原因の追究：**
CTによりインプラント体と下顎管，オトガイ孔との関係を確認

**スタッフの動き**
CT撮影の準備あるいは撮影依頼の手続き

- 関係なし
  - 患者への説明
  - 再度，別の原因を追究

- 関係あり
  - 専門医へ転医あるいは下記事項を行う
  - 麻痺の範囲，程度の把握：知覚検査（S-W知覚テスト），2点識別域の検査
  - 患者への説明：障害の原因と程度，予後，今後の治療予定，謝罪
  - インプラント体除去手術（インプラント体自体が神経に接していれば，すみやかに除去を行う）
  - 知覚麻痺に対する治療：投薬（ビタミンB₁₂製剤：メチコバール®の長期投与）：星状神経節ブロック（専門医へ）
  - 定期的な知覚検査と回復過程の確認

共感的態度を表す
※共感的態度の詳細は32頁参照

すぐにCT撮影を！

## DVDの処置，どこが悪くてどこが良いの？

### 悪い例
患者の訴えに対し，術者は面倒そうに対応しており，誠意が感じられない．症状を確かめることなく，数週間で治ると安請け合いをしている．

インプラント体の先端が下顎管の中に入っているにもかかわらず，インプラント体を除去することを考えていない．

### 良い例
術者は患者に共感的態度をみせ，誠意を感じさせる．症状を確かめてから CT 撮影をしている．CT でインプラント体の先端が下顎管の中に入っていることを確認し，謝罪している．その後，インプラント体の除去が必要であると説明し，治療について紹介している．大学病院での治療が必要であり，その際には付き添うと伝え，患者に安心感を与えている．

## ？ どんな部位？

### 神経損傷部位

#### ●下歯槽神経の走行
下歯槽神経は下顎孔より下顎管に入り，下顎管の経過と一致して顎骨内を経過する．この際，大臼歯部までは下顎骨舌側壁近くを走行するが，そこから外方に方向を変える．第一小臼歯と第二小臼歯の間で方向を後上方，外方に変え，ループを作って第二小臼歯付近でオトガイ孔より出る（図1）．

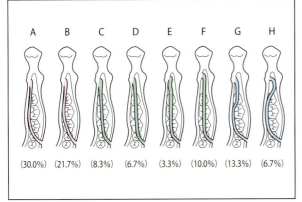

図1 下歯槽神経の走行（文献1より改変引用）
大臼歯部までは舌側壁を走行するパターン（A，B）が50％以上を占める．変則的に舌側壁を走行するパターン（G，H）も合わせると約70％となる．

#### ●神経損傷の分類（図2）
神経損傷は3型に分類され，それぞれ回復期間も異なる．

#### ①神経非活動（Neurapraxia：ニューラプラキシア）
最も軽微な神経損傷で，組織学的には神経線維の変性はほとんどみられない．神経線維を栄養する血管の一過性の阻血によって生じる．一過性の局所の伝導障害であるため，麻痺は3週間〜数カ月でほぼ完全に回復する．

#### ②軸索切断（Axonotmesis：アクソノトメシス）
損傷部より末梢の軸索は変性するが，シュワン鞘の連続性は保たれている．持続的な圧迫や挫傷によって生じる．軸索の再生を必要とするため神経機能の回復は著しく遅延する．最終的に数カ月〜1年ほどで感覚は回復するが，正常の域まで達しないことも多い．

#### ③神経切断（Neurotmesis：ニューロトメシス）
最も重篤な神経損傷で，軸索もシュワン鞘も連続性が断たれる．臨床的にはオトガイ部皮膚の知覚脱失としてみられ，完全な麻痺が出現することにより鑑別できる．再生力の旺盛な痛覚線維が主体を占める治癒過程をとるため，患者は長期間にわたる痛覚過敏に悩まされる．治療としては，神経縫合や神経移植といった外科的療法が必要になることが多い．

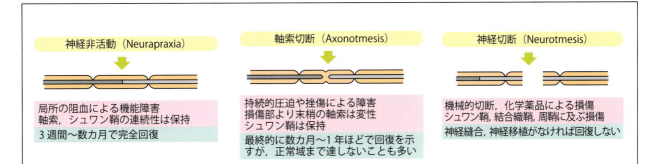

図2 神経損傷の分類

## 重要point 歯科治療中の事故を予防するには

●**安全,確実な手術計画を立てる**
①**全症例にCTが必要**:CTデータを基にした正確な術前診断と無理のない手術計画を立てる(CT上で下顎管やオトガイ孔からの安全域を1.5 mm以上とり,インプラントのサイズを決定する).

②**手術手技**:危険な部位でのドリリングは,超低速で回転を止めながら少しずつ行う.強圧をかけ一気に形成するようなことは決して行わない.
③**知識の再確認**:下歯槽神経の走行を再確認する.神経損傷の分類,回復期間,回復の病態を再確認する.

## !知っておきたい①

### 知覚検査法(図3)

下歯槽神経,オトガイ神経の知覚障害の検査は,赤唇部とオトガイ部皮膚で行う.これらは臨床的に患者の訴えが多い場所であり,検査結果が口腔粘膜よりも安定し,閾値が低いため検査に適している.

触覚の検査法として広く用いられているS-W知覚テストは,神経麻痺の程度と範囲を確認したり,知覚の治癒過程を定量的に調査することが可能であり,患者の臨床症状と相関する傾向のある有用な検査方法である.

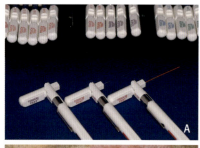
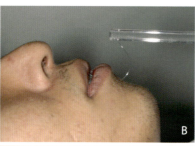
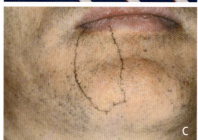
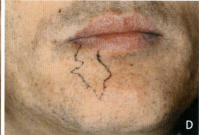

**図3** S-W知覚テスターを用いて知覚麻痺の範囲を特定する
**A**:S-W知覚テスター.さまざまな太さのフィラメントがある.フィラメントが皮膚に接触して,たわんだときの皮膚面に加わる重さが,それぞれに記入されている.
**B**:S-W知覚テスターによる触覚の評価(フィラメントがたわんでいる).
**C**:損傷1週間後のマッピング.
**D**:損傷2カ月後のマッピング.麻痺範囲は縮小し,程度も改善している

### 患者の心理と共感的態度

●**患者の心理**

患者の心理として,まず,麻痺から回復したいと思い,同時に,麻痺が起こった原因を知りたいと考える.さらに,医療者側に過失があれば謝罪してほしいと考える.このような心理を忖度せず,いい加減な対応をすると,それまで築いた信頼関係が失われてしまう.結果として,法的責任を問われる可能性も出てくる.患者の気持ちを思いやり,誠意をもって対応することが必要である.

●**共感的態度**

患者の気持を思いやる姿勢を示すためには,共感的態度が不可欠である.コミュニケーションの原則として,①〜⑤のような点に注意したい.

①**反映**
患者から受け取った感情を言葉にして伝える.

「ご心配ですね」「お辛いようですね」
②**個人的な支援**
患者を支援したいという気持ちを伝える.
「できるだけのことをいたします」

③**協力関係**
患者と協力して疾患に取り組むことを表明する.
「一緒に治していきましょう」

④**尊重**
抱えている問題に対する患者の取り組み,対応について敬意をもって受け止めていることを表す.

⑤**正当化**
患者の訴えや気持ちを受け入れ,患者の発言が妥当であることを伝える.
「よく我慢されましたね」「お忙しいでしょうからね」

## !知っておきたい②

### 薬物療法と星状神経節ブロック

#### ●薬物療法

薬物投与としては，末梢神経障害に適応をもつビタミン $B_{12}$ 製剤のメコバラミン（メチコバール®）が有効である．通常，メコバラミン1日1.5 mgを3回に分服し，長期間の投与が必要である．麻痺の範囲や程度の改善傾向がある間は投薬を継続する．通常は，1～2年ほどで症状が固定されてしまう場合が多い．

#### ●星状神経節ブロック（図4）

局所麻酔薬によって，頸部交感神経節である星状神経節を一時的にブロックする．副交感神経優位となることで顔面への血流を増加させ，神経線維への血行を改善することにより神経線維の再生を促進する．

星状神経節は第6～7頸椎横突起付近に存在するため，頸部から経皮的に刺入する．処置はペインクリニック専門医や，麻酔あるいは歯科麻酔医などに依頼する．

#### ●光線療法（図5）

低出力レーザー照射，キセノン照射，直線偏光近赤外線照射などを光線療法と言う．出血傾向があるなど，星状神経節ブロックを避けたい患者に適用される．重篤な副作用もない．

低出力レーザーは，患部に照射して光の作用のみで効果を得る治療法である．キセノン光と直線偏光近赤外線は，光の作用に加えて温熱療法も加わる治療法で，患部と星状神経節近傍に照射する．

#### ●外科療法：神経修復術（神経縫合，神経移植）（図6）

神経線維の断裂が疑われる重篤な症例，保存療法を行っても効果のない症例に適応される（受傷後3～6カ月以内が有効と言われている）．

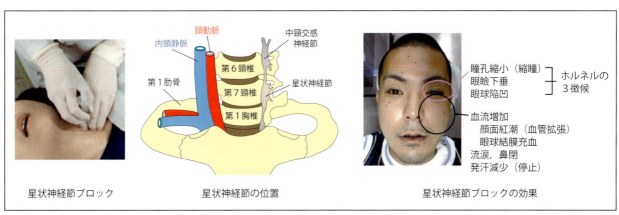

図4　星状神経節ブロック

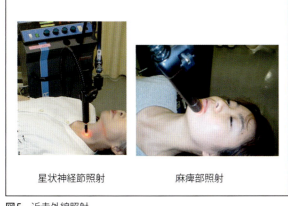

図5　近赤外線照射　　　　　　　　図6　神経修復術（神経縫合）の例

---

【症例8】文献

1）上條雍彦：口腔解剖学 第1巻 骨学（臨床編）．2012, 219, 東京, アナトーム社.

# 索引

## 数字英字

1型糖尿病　24
2型糖尿病　24
ACE阻害薬　17
AED　26,28,29
HbA1c　23
MONA療法　20
RPP　20
$SpO_2$　4,6
β遮断薬　17

## あ

アスピリン　20
アドレナリン　5,16,17,20
アトロピン　3
アナフィラキシーショック　5
アルカリ性　7
アルカローシス　7
アルツハイマー病　23
安静狭心症　19
易感染性　25
意識障害　14,25
意識消失　22,26
異物　11
異物誤嚥　10,11
異物事故　12
異物除去　12
インスリン依存型糖尿病　24
インスリン抵抗性　24
咽頭　13
咽頭喉頭部　10,11,12
運動療法　23
エアポケット法　9
エピペン注射液　5
エフェドリン　3
嘔気　14
嘔吐　22
オトガイ神経　30

## か

過換気症候群　6,7,8

過緊張後循環虚脱　5
下歯槽神経　30
肩こり　16
紙袋を用いた再呼吸法　8
カルシウム拮抗薬　17
カルシウム濃度　7
冠動脈バイパス術　21
冠動脈閉鎖　19
顔面蒼白　2,3,7
気管　11,13
気管分岐部　13
気管への落下　11
喉頭蓋谷　11
気道確保　28
気道浮腫　5
気道閉塞　11
気分不良　14
急性冠症候群　20,26
急性心筋梗塞　5,18,21
吸入鎮静法　8
共感的態度　32
胸骨圧迫　3,26,27,28
狭心症　5,18,19,21
胸痛　26
胸痛発作　18
局所麻酔薬　5
局所麻酔薬アレルギー　5
局所麻酔薬中毒　5
虚血性心疾患　19
空腹時血糖　23
クモ膜下出血　15
経口血糖降下薬　23
頸動脈　26
頸動脈触知　29
頸動脈拍動　28
経皮的冠動脈形成術　21
経皮的気管穿刺　10
経皮的気管穿刺法　12
血圧上昇　5,14
血圧測定　4
血圧低下　2,3

## 血管緊張低下性失神　3

血栓溶解薬　21
血糖値　24,25
ケルニッヒ徴候　15
見当識消失　14
降圧薬　16,17
抗凝固薬　21
高血圧　14,15,16,23
高血圧緊急症　15
高血圧性疾患　5
高血圧性脳症　14,15
抗血小板薬　21
光線療法　33
喉頭蓋谷　11
紅斑　5
項部硬直　15
呼気再呼吸法　8
呼吸循環抑制　5
呼吸数増加　7
呼吸停止　26
呼吸抑制　2

## さ

再灌流療法　21
最高血圧　14
酸素　2,20
酸素投与　5
ジアゼパム　3,6,8
シーソー呼吸　11
歯科治療恐怖症　3,8
軸索切断　31
四肢誘導　21
自動体外式除細動器　28,29
歯肉増殖症　17
収縮期血圧　14,16
手指の屈曲　7
手指の先のしびれ　7
手指の震え　22
昇圧薬　3
食事療法　23
食道胃消化器系　11

34

除細動　26,27,28
徐脈　2,3
心筋梗塞　18,19,20,26
神経移植　33
神経因性ショック　2,25
神経修復術　33
神経障害　23
神経切断　31
神経損傷　31
神経非活動　31
神経縫合　33
神経麻痺　30
人工呼吸　26,27,28
心疾患　5,23
心室細動　29
腎症　23
心臓マッサージ　27,28
心電図　21
心肺蘇生法　27,28
心肺停止　26
心不全　21
蕁麻疹様発疹・発赤　5
水平位　2
髄膜刺激症状　15
頭痛　7,14,15,16
ステロイド　5
星状神経節　33
星状神経節ブロック　33
精神鎮静法　3
全身ケイレン　5,14
創傷治癒遅延　25
側臥位　12

**た**

脱力感　22
知覚検査法　32
知覚麻痺　30
窒息状態　13
腸壁穿孔　13
直線偏光近赤外線照射　33
陳旧性心筋梗塞　21

低血糖症　25
低血糖状態　22,23
低血糖ショック　5,22
低血糖発作　24
低酸素　4
低酸素症　8
低酸素状態　7
低出力レーザー照射　33
電気ショック　27,28
動悸　7,22
糖尿病　5,22,23,24
糖尿病性昏睡　25
動脈血酸素飽和度　2,3,4,6,7
動脈血二酸化炭素濃度　8
動脈硬化　15,23

**な**

ニカルジピン　14,16
ニトロール　15
ニトログリセリン　18,20
ニトロ製剤　14,15,16,18,19
ニフェジピン　14,17
脳血流量　17
脳出血　15
脳貧血様発作　2,5,7

**は**

バイタルサイン　9
背部叩打　10,11,12
ハイムリック法　12
白衣（診察室）高血圧　16
白衣高血圧　16
パルスオキシメーター　4,7
ビタミン$B_{12}$　33
冷や汗　22
頻脈　5
不安定狭心症　19,20
副交感神経遮断薬　3
腹部圧迫　10
腹部突き上げ　10
腹部突き上げ法　12

腹膜炎　13
不整脈　21,26
ブドウ糖負荷試験　23
本態性高血圧　15

**ま**

マンシェット　4
耳鳴り　14
脈拍の測定　9
胸苦しさ　7
迷走神経反応　3
めまい　7,14,16
網膜症　23
モルヒネ　20

**や**

薬物療法　33
指先の屈曲　6

**ら**

輪状甲状靭帯部　12
輪状軟骨部　13
労作性狭心症　19

## 著者略歴

### 矢島安朝　Yasutomo Yajima

| | |
|---|---|
| 1980 年 | 東京歯科大学 卒業 |
| 1985 年 | 東京歯科大学大学院歯学研究科 修了（歯学博士） |
| 同年 | 東京歯科大学口腔外科学第1講座 助手 |
| 1990 年 | 東京歯科大学口腔外科学第1講座 講師 |
| 1995 ～ 1997 年 | |
| | ドイツ・ハノーファー医科大学 |
| | 口腔顎顔面外科学教室に留学 |
| 2004 年 | 東京歯科大学口腔インプラント科部長 |
| 2006 年 | 東京歯科大学口腔インプラント学講座 教授 |
| 2013 年 | 東京歯科大学水道橋病院 病院長 |

日本口腔インプラント学会専門医・指導医
日本顎顔面インプラント学会専門医・指導医
日本口腔外科学会専門医・指導医

### 野口いづみ　Izumi Noguchi

| | |
|---|---|
| 1974 年 | 東京医科歯科大学 卒業 |
| 同年 | 同歯科麻酔学教室 医員 |
| 1976 年 | 鶴見大学歯学部口腔外科学講座 助手 |
| 1978 年 | 鶴見大学歯学部歯科麻酔学講座 助手 |
| 1980 年 | 鶴見大学歯学部歯科麻酔学講座 講師 |
| 1989 年 | 鶴見大学歯学部歯科麻酔学講座 助教授 |
| 2014 年 | 東京都立府中療育センター 医員 |

日本登山医学会・理事
日本障害者歯科学会・指導医
日本歯科麻酔学会・認定医

### 中川洋一　Yoichi Nakagawa

| | |
|---|---|
| 1980 年 | 鶴見大学歯学部歯学科 卒業 |
| 同年 | 鶴見大学歯学部口腔外科学第二講座 診療科助手 |
| 1981 年 | 鶴見大学歯学部口腔外科学第二講座 助手 |
| 1988 年 | 鶴見大学歯学部口腔外科学第二講座 講師 |
| 1990 年～ 1992 年 | |
| | Department of Oral Biology, University of Florida |
| 2002 年 | 鶴見大学歯学部附属病院専門外来 主任 |
| 2008 年 | 鶴見大学歯学部附属病院口腔機能診療科（改称）科長 |
| 2011 年 | 鶴見大学歯学部口腔内科学講座 講師 |
| 2015 年 | 鶴見大学歯学部附属病院口腔機能診療科 准教授 |

日本歯科薬物療法学会・理事
日本口腔外科学会・専門医・指導医

---

### ■ DVD-VIDEO について

- 本書の DVD は，DVD-VIDEO です．再生には，DVD プレーヤーまたは DVD-VIDEO の再生に対応したパソコンをご用意ください．
- DVD 規格に準じて制作されていますが，すべての再生機器での再生を保証するものではありません．
- 本製品は，個人が一般家庭内で視聴することを目的にしています．したがって，無断で複製，貸し出しに使用することは法律で禁止されています．

| COLOR | 片面・一層 | 複製不能 | 16:9 LB NTSC | ALL |
|---|---|---|---|---|
| STEREO | WAVE | 29 min | DOLBY DIGITAL | 1 |

表紙・本文イラスト：野口いづみ
DVD 撮影協力：笹尾真美（鶴見大学歯学部歯科麻酔学講座 助教）
DVD 出演者：東京歯科大学演劇部現役部員および OB のみなさま

---

## 緊急事態!　歯科診療室で こんなときどうする?
### —DVDで学ぶ良い対応，悪い対応—

ISBN 978-4-8160-1296-9

Ⓒ 2015. 11. 19　第 1 版　第 1 刷

| | |
|---|---|
| 編　　著 | 矢島安朝　野口いづみ　中川洋一 |
| 発　行　者 | 永末英樹 |
| 印　刷　所 | 株式会社サンエムカラー |
| 製　本　所 | 藤原製本株式会社 |

### 発行所　株式会社　永末書店

〒602-8446　京都市上京区五辻通大宮西入五辻町 69-2
（本社）電話 075-415-7280　FAX 075-415-7290　（東京店）電話 03-3812-7180　FAX 03-3812-7181
永末書店 ホームページ　http://www.nagasueshoten.co.jp

＊内容の誤り、内容についての質問は、弊社までご連絡ください。
＊刊行後に本書に掲載している情報などの変更箇所および誤植が確認された場合、弊社ホームページにて訂正させていただきます。
＊乱丁・落丁の場合はお取り替えいたしますので、本社・商品センター(075-415-7280)までお申し出ください。

・本書の複製権・翻訳権・翻案権・上映権・譲渡権・貸与権・公衆送信権（送信可能化権を含む）は、株式会社永末書店が保有します。

**JCOPY** ＜(社)出版者著作権管理機構 委託出版物＞

本書の無断複写は著作権法上での例外を除き禁じられています。複写される場合は、そのつど事前に、(社)出版者著作権管理機構（電話 03-3513-6969、FAX 03-3513-6979、e-mail: info@jcopy.or.jp）の許諾を得てください。